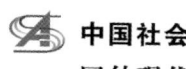 中国社会科学院创新工程学术出版资助项目
国外现代政治经济学经典译丛
程恩富 主编

资本复活
——新自由主义改革的根源

Capital Resurgent Roots
of the Neoliberal Revolution

［法］多米尼克·莱维（Dominique Lévy）
［法］热拉尔·迪梅尼（Gérard Duménil） ◎著
徐则荣◎译

中国社会科学出版社

图字：01-2011-7940号

图书在版编目（CIP）数据

资本复活：新自由主义改革的根源／（法）多米尼克·莱维，（法）热拉尔·迪梅尼著；徐则荣译 .—北京：中国社会科学出版社，2017.9
ISBN 978-7-5203-1224-0

Ⅰ.①资… Ⅱ.①多…②热…③徐… Ⅲ.①新自由主义（经济学）—研究 Ⅳ.①F091.352

中国版本图书馆 CIP 数据核字（2017）第272513号

Originally published as *Crise et sortie de crise：Ordre et désordres néolibéraux*,
© Presses Universitaires de France, 2000
Crise et sortie de crise, Ordre et désordres néolibéraux
by Gérard DUMENIL and Dominique LEVY
(Actuel Marx Confrontation, 1st ed. 2000)

出 版 人	赵剑英
责任编辑	赵 丽
责任校对	张依婧
责任印制	王 超

出　　版	中国社会科学出版社
社　　址	北京鼓楼西大街甲158号
邮　　编	100720
网　　址	http://www.csspw.cn
发 行 部	010-84083685
门 市 部	010-84029450
经　　销	新华书店及其他书店
印　　刷	北京明恒达印务有限公司
装　　订	廊坊市广阳区广增装订厂
版　　次	2017年9月第1版
印　　次	2017年9月第1次印刷
开　　本	710×1000　1/16
印　　张	13.5
字　　数	220千字
定　　价	56.00元

凡购买中国社会科学出版社图书，如有质量问题请与本社营销中心联系调换
电话：010-84083683
版权所有　侵权必究

国外现代政治经济学经典译丛
编辑委员会名单

主　　编　程恩富

副 主 编　彭五堂　丁晓钦

编委会成员（按姓氏拼音排序）：

　　陈张良　崔　云　丁晓钦　侯为民　胡乐明
　　胡永红　黄纪苏　金吾伦　雷玉琼　彭五堂
　　孙业霞　谭扬芳　田　文　童　珊　王荣花
　　邬璟璟　徐则荣　余　斌　张　衔　张建刚
　　赵　丽　赵英杰

总　序

程恩富

政治经济学作为一门研究社会生产关系，揭示人类经济活动和经济发展客观规律和运行机制的科学，并总是需要随着人类社会经济活动的演化而不断发展创新的。科学地与时俱进是政治经济学的内在品质和根本要求，也是它具有非凡的认知解释力、实践改造力和持久生命力的根本之所在。

新中国成立和改革开放以来，我国的经济发展取得了举世瞩目的伟大成就，经济社会结构也发生了翻天覆地的变化。这一切都对中国政治经济学的发展创新和现代化提出了强烈的现实要求。中国政治经济学的现代化应当坚持"马学为体、西学为用、国学为根、世情为鉴、国情为据、综合创新"的学术原则，在国际化、应用化、数学化和学派化这四个学术方向上持久地开拓创新。这不仅要求我们牢牢扎根于中国经济改革和发展的现实，从丰富的经济实践活动中探寻经济规律，提炼经济理论，而且需要我们怀有开放的心态，真诚地了解、借鉴和吸收国外学者的相关研究成果。当今国外一大批马克思主义经济学家，以马克思主义经济学基本原理与当代世界经济具体实际的结合为主题，阐述了世界资本主义和社会主义市场经济的一系列新的理论和政策思路，为中国政治经济学理论创新提供了可资借鉴的宝贵思想资源。"国外现代政治经济学经典译丛"正是出于这样的目的，遴选和翻译出版国外著名马克思主义经济学家的经典性著作，供国内学者学习研究和借鉴。

本丛书第一批翻译出版的10本著作，都是经过十分严格的遴选程序挑选出来的。首先，我们请世界政治经济学学会的国外数十位经济学家推荐了100多部专著，又约请了国内外20多位著名的马克思主义经济学家向我们推荐近30年来在政治经济学领域具有创新性贡献并产生重要影响的经典性著作，总共收到30多种推荐著作。我们从中选择有2人以上推荐的著作，然后对其内容的科学性、创新性和影响力进行了全面评审，在此基础上最终精挑细选出10种著作进行翻译出版。这些著作的作者都是在国际上享有崇高声誉的马克思主义经济学家，著作本身是具有重大理论突破和创新，在国际政治经济学学界具有持久影响的经典之作。为了保证翻译质量，我们规定，著作的翻译者必须是在高等院校或科研院所实际从事经济学教学和研究工作的教师或研究人员，且必须具有博士学位。著作的校对者必须是长期在政治经济学领域从事教学研究工作的专家学者，一般要求有正高职称。通过这些努力，我们力图把这些经典著作高质量地奉献给广大读者。

本丛书虽然属于经典性的学术著作，但除了个别著作含有较多数理模型和数学推导外，大都以文字叙述为主，内容并不晦涩，现实感强，可读性强，对于了解一个真实的当代资本主义也颇有价值。因此，它不仅适合高校和党校系统等经济类专业的教学和研究人员，可作为教学或研究的辅助教材或参考资料使用，而且也适合关注社会现实问题的党政干部、高校学生和其他各界人士阅读参考。

本丛书的翻译出版得到中国社会科学院创新工程学术出版资助项目的资助。在丛书取得中文版权和编辑出版过程中，中国社会科学出版社赵剑英社长、田文主任、赵丽编辑等人做了大量的工作，付出了辛勤的劳动。在丛书出版之际，我谨代表丛书编委会向上述单位和人士，以及所有对丛书的翻译出版给予帮助和支持的单位和人士，表示衷心的感谢！

尽管我们力图通过严格的规定和细致的工作，使丛书能够以完美的面貌呈现给读者，但是错讹和疏漏恐怕还是在所难免。所以我们诚恳地希望广大读者批评指正，以便在将来再版时进一步完善。

二〇一四年五月

（作序者系世界政治经济学学会会长、中华外国经济学说研究会会长、英文国际期刊《世界政治经济学评论》和《国际批判思想》主编；中国社会科学院马克思主义研究学部主任、经济社会发展研究中心主任、学部委员、教授）

摘　　要

"新自由主义"一词常被用来描述20世纪七八十年代资本主义所经历的变革。其中一项重要的内容，就是美国联邦储备委员会通过提高利率的方式应对通货膨胀。这一标志性的措施在世界范围内产生了巨大影响，但它也只是这次变革的一个方面。总体来说，这次变革起到了对资本主义最显著的特征进行修复和完善的作用，塑造一个充满生机活力的资本主义。

从第二次世界大战结束到20世纪70年代末，也就是凯恩斯妥协的十来年里，充分就业、社会福利的保障和教育、医疗的普及逐渐被认为是发达社会的标志。为了应对资本主义秩序的挑战和对抗共产主义，对资本主义国家来说，完善政策变得迫切。为非金融部门提供了良好的金融环境，对工业政策施加了强有力的政府干预，为资本持有者提供了诸多限制性的，但有利于发展的国际货币体系——这些政策在资本主义基本制度之上又建立起了一套制度框架。

无论是在国家范围内还是在世界范围内，新自由主义破坏了社会秩序，修复了最严格意义上的资本主义制度。

尽管资本主义已基本脱离了主要参与者的控制，但我们仍不能低估任何形式的集团政治意向，任凭这种意向采用什么样的方式。本书的一个核心观点是，大萧条和第二次世界大战之后，资本家的利益和影响力有所减弱。新自由主义是资本家阶级和资本主义制度愿望的表达，在资本主义制度下，资本家阶级的权力集中了，我们统称为"金融"，在人民斗争减少的背景下，资本家阶级力图保证其利益和提高其影响力。因此，可以说，新自由主义的兴起源于资本家的政治行为，而非资本主义的自然发展。

那些用来给新自由主义下定义的规则常常被委婉地命名为"市场规则"，从而避免了直接与资本相联系。在"市场"的名义下，不同类型的机制成为讨论的焦点。例如劳动力市场对雇佣、解雇、工资和劳动条件的约束，这个市场是新自由主义偏爱的目标。除此之外，另一个市场是正处于危机之中的资本市场。新自由主义完全改变了资本市场运行的条件，它包括许多方面——股票市场和资本的集中，国际资本的自由流动，等等。最后，新自由主义成为整个社会关系商业化过程的传播者，这是其令人咋舌的许多方面之一。扩大和控制整个过程的是资本主义关系的逻辑，这个逻辑与其规则一致。

新自由主义带来的种种变化经常被伪装成物质的或技术的需要，是经济国际化发展的需要，更确切地说，是市场全球化的需要。所谓的国际市场规则就是资本规则。当然，全球化不仅仅是资本主义的新自由主义全球化，甚至是超越这种社会秩序的全球化，当人们谈及它时，仍然会把美国看作是全球化的中心。

也许在全球范围内，能够实现物质的、知识的、文化的以及情感的交流；也许为了效用和幸福的最大化，人和资源能够实现流通循环。但是，新自由主义全球化并非实现它们的手段。

一旦我们从历史的视角审视当下进程，我们将能更好地去理解和思考这个进程，这也是本书的中心。尽管历史并不会被复制，但相似的历史事件能够作为前车之鉴给予我们启示，比如 19 世纪末的大萧条和 1929 年的经济危机是如何被克服的。

对新自由主义和当今社会的思考会使我们想到资本主义生产方式的历史和发展的核心，即生产关系和社会阶级结构的转变。新自由主义秩序想要再次肯定人类社会的资本主义性质。尽管资本家们一再运用自己的权力施加各种影响，但历史前进的脚步是不会被阻止的。那么，我们能否找到让新自由主义的光环褪散的方式？这些方式会是我们理想的选择吗？

目 录

第一部分　危机与新自由主义

第一章　异常的变革动力 ………………………………………（3）
第二章　经济危机与社会秩序 …………………………………（7）

第二部分　危机与失业

第三章　20世纪70年代和80年代的结构性危机 ……………（17）
第四章　技术进步:加速还是减速? ……………………………（24）
第五章　美国和欧洲:职位的创造者和失业的创造者 ………（32）
第六章　控制劳动力成本和加强管理福利国家 ………………（37）
第七章　失业:历史的命运? ……………………………………（43）
第八章　危机的结束? ……………………………………………（50）

第三部分　金融法规

第九章　利率冲击与股息的重要性 ……………………………（61）
第十章　凯恩斯理论的国家债务和家庭债务 …………………（70）
第十一章　金融危机的蔓延 ……………………………………（77）
第十二章　霸权主义下的全球化 ………………………………（87）
第十三章　金融化:神话还是现实? ……………………………（97）
第十四章　金融支持经济吗? …………………………………（106）
第十五章　谁从罪行中获益? …………………………………（114）

第四部分 历史教训

第十六章 史上先例:19 世纪末的危机 …………………………(129)
第十七章 结构性危机的结束:20 世纪看起来像 19 世纪吗? …(135)
第十八章 金融霸权的两个时期:20 世纪初期和末期……………(141)
第十九章 固有风险——1929 年先例………………………………(153)
第二十章 资本的流动性和股票市场的狂热………………………(159)
第二十一章 金融霸权的两个时期之间:繁荣的 30 年……………(167)

第五部分 行进中的历史

第二十二章 一个凯恩斯理论的解读………………………………(181)
第二十三章 资本的动态学…………………………………………(188)

附录 A ……………………………………………………………………(196)
附录 B ……………………………………………………………………(200)

第一部分

危机与新自由主义

第 一 章
异常的变革动力

我们应当如何理解世界经济的主要发展及其演变？在美国的领导下，是在什么样的环境下以及发生了什么变化为新自由主义秩序和美国的金融霸权提供了条件？

在关于世界事务如何被安排的讨论中，只从常识和理性的角度思考是不够的。我们不能认为制定各项决策就是发现问题、解决问题这么简单。分析评估—制定策略—付诸实施，这种三段式的程序并不是主导人类的形式。

如果世界真的按照这种方式安排其活动，那么这种方法的第一步就是评估，以美国为首的发达资本主义国家的某些阶级中会充斥着自我满足和自我陶醉，而在它们之外，则是强烈的自我批评。然而，2000年经济衰退的到来以及证券市场的萧条并没有抑制新自由主义的傲慢自大，异常地缺乏和谐。

国际组织每年的统计报告是不会说谎和谄媚的。根据联合国1997年《人类发展报告》，我们可以看到如下场景："四分之一以上的发展中国家的人口仍然生活在贫困之中；日平均收入不足一美元的人达到十三亿之多；在工业国家，一亿以上的人处于贫困线之下……"[①]

在1999年的报告里，这种不平等及其扩大甚至更加令人触目惊心："1997年世界上20%最富者与20%最穷者的收入比为74∶1；而在1990年，这个数字只有60∶1；1960年，只有30∶1。在20世纪90年代末，收入最高的若干国家占人口总量20%的人却拥有全球86%的GDP；与此同时，占人口总量20%的收入最低的几个国家，只拥有全球1%

[①] 联合国发展计划署：《人类发展报告1997》，纽约牛津大学出版社1997年版，第3页。

的 GDP。"①

这些报告让我们注意到,许多事情都会向我们不希望的方向发展。超过一半的国家在谋求发展时得不到外国投资者的眷顾;从19世纪80年代开始,这些国家的出口产品价格大幅下跌;高关税增加了出口产品的负担;最发达国家的农业得到极大的扶持和补助;最不发达国家的债务在不断累加;除此之外还有种种其他现象。②难道我们已经陷入了一个对各种问题表现迟钝、无力做出反应的世界?

本书的目的在于明确资本主义新阶段的起源及其内涵,而得出的结论与贫困和不平等有很大关系。如果人类社会的种种苦难都不能引发我们所期待的转变,那显然是因为近几十年来,经济社会的发展和走向并不符合最大多数人的利益,而是符合少数掌握特权的人,这部分人发现他们自己变得越来越富裕。

当我们把目光从社会大众转向少数特权者时,发现问题、解决问题的这种常识性分析方法就会再次奏效。这样,这个体系恢复了应变能力,事情的变化过程变得容易理解。实际上,过去20年间的诸多变化,正是影响少数特权者的某些问题的出现所引起的。通过不断的努力、尝试和修正,特权者们终于做出消除这些不利因素的决策,并使用迂回的手段掩盖利益集团的行为。

为了更好地理解这个问题,我们必须准确界定分析的框架和主体。现实是并非社会大众看到了他们的命运,想要努力使一切回到正轨,③而是少数特权者发现影响他们自身利益的障碍,对自身造成了威胁,因此,他们依靠其统治地位并运用各种手段去解决这些问题。如此一来,无论是中心国家(美国、欧洲和日本),还是外围国家,贫困问题都无法得到缓解,因为这不是特权者所关心的事。把富人、统治阶级排除在坏人之外令人感到滑稽,但事实上他们就是坏人。

不知不觉中,我们进入了资本主义世界的中心地区,甚至更进一

---

① 联合国发展计划署:《人类发展报告1999》,纽约牛津大学出版社1999年版,第3页。

② 同时,在美国,在20世纪末大萧条以前,对新经济的谈论是非常乐观的。参见经济顾问委员会《总统经济报告》(华盛顿,政府印刷办公室,1999)。媒体高度赞扬国家的增长、财富,等等。

③ 在提到社会排斥这个概念时,我们并不是指与资本积累无关的过程,而是指那些生活在被马克思称作"贫穷的地狱中"的产业后备军。马克思:《资本论》,1867年著,纽约经典出版社1977年版,第1卷,第25章。

步，进到中心的中心。在那里，尽管一切都已成形，但在不断强化的力量关系中，被统治国家和被统治阶级还在斗争；在这种力量关系中，好的动机未必带来好的行动。

接下来我们关注以下三个问题：是什么问题导致了我们所提到的变革？资本主义世界中心的中心的本质是什么？所谓的变革包含哪些方面，造成了哪些影响？

第一个问题，即关于变革背后的原因，它的答案关系到统治阶级的收入——资本利润率在20世纪70年代大幅下降。这是简单明了的答案，但却给我们提供了丰富的信息。变革发生的本质就在于资本利润率的下降。变革发生的时间和地点是20世纪70年代大多数发达资本主义国家。变革之所以重要就在于它决定了未来几十年里统治阶级的行为。但它的可怕之处就在于统治阶级不关心如何对抗失业、社会外部性和贫困，反而在这种情况下利用了失业。

第二个问题，即关于资本主义世界中心的中心，它由统治阶级中最关注金融利益的这部分人构成。他们在20世纪70年代看到自己的权力和收益在减少，于是大力鼓吹转向新自由主义并从中受益。至于他们的权力和收益得到多大成分的恢复，令人难以想象。

第三个问题，即关于变革的内容。全球化和资本的自由流动是其最根本的组成部分。但我们不能把它们与资本持有者重新获得权力分割开来，因为后者是这次变革的主要方面。无论对工人还是公司经理，对经济学家还是政治家，对公开机构还是半公开机构，对国内还是国外，金融都重新获得了它的权力和利益。而加强对通货膨胀的治理的做法再次将经济活动的重心放到了资本利润率、债权人和股东的回报上。金融权力通过推行全球化而复活，这与生产资料所有者的利益一致。但我们不应混淆方式和目的，全球化是方式，金融收益和金融霸权是目的。至于这次变革所造成的影响，可以用三个词来概括：贫困、效率和丰富。贫困问题依旧存在，甚至有扩大的趋势；利润率和资本所有者的资本的最大化带来大集团效率的提高，如果用具体指标来衡量，就是资本收益率的提高；统治阶级上层的构成变得更加丰富。

虽然变革的因素的复杂性令我们感到茫然和不知所措，但我们完全没有必要这样。经济的发展由人类自己决定，而非由与自然因素相类似的命运决定。低估集团行动施展手腕时遇到的一系列限制可能不对，这些集团行动在某种程度上使用各种手段摆脱限制，但这些行动源于其自身的动机。

以发达资本主义国家的历史经验作为开端，本书的第二部分和第三部分将阐释各种显而易见的问题和造就诸多社会变化的利益集团之间的差距问题。第二部分在介绍和分析当今社会经济状况后，针对20世纪末的结构性经济危机以及失业问题进行说明，探讨若干相关问题：为什么欧洲受到的冲击较之美国更大？失业问题可以避免吗？危机是否有一天将成为过去时？第三部分阐述金融领域如何应对危机，利用危机成功地提升自身地位，增加金融收益，获得新的资本主义秩序下的霸权。第四部分和第五部分将分别从历史和理论的角度对上述问题进行探讨。

本章所引数据及资料详见附录B。

第 二 章
经济危机与社会秩序

　　对发达资本主义经济来说转型的经历已不是第一次。但是，认识我们正在经历的事件——始于20世纪70年代的结构性危机、新趋势的确定、一种社会秩序的出现——虽然它们不是第一次发生，但认识它们并不会削弱事件本身的重要性。历史绝不会原封不动地重复，但是，所有的具有历史意义的事实总是有其先例。对过去事件不屑一顾的人来说，当前的挑战是巨大的。

　　毋庸置疑，资本主义目前的转型伴随着一场结构性危机。这可以被看作演化的普遍规律。不同时期的重大危机的共同点就在于它们决定主要的变化。这里我们把旧的暴力理论看作历史的助产士；危机往往同战争一起发挥作用。

　　为了能准确地理解最后一次结构性危机的重要性，人们更应关注19世纪末而非1929年发生了什么。经济史学家普遍认为，1875—1893年间在欧洲特别是在法国发生了一场严重的危机。尽管关于（危机——译者加）现象的地理蔓延和特征存在很大的分歧，但对之发生的事实却不容否定。与此同时，美国在1865年内战接近尾声和世纪转换经历了严重的不稳定性。在这些国家，危机导致资本主义发生深刻的转型。经济的、社会的和政治的紧张局势为前资本主义秩序的动摇创造了条件。19世纪末经历结构性危机之后的资本主义与危机前的资本主义大相径庭。

　　令人难以忘却的是，至今统治我们社会和当代资本主义整个社会结构的现代金融和大公司随着这些巨变的产生而产生。转型的主要方面之一就是资本所有权从管理中分离出来。大公司的发展导致股东、债权人和金融家阶层的出现，从某种意义上说（这些人——译者加）不直接插手公司业务,当货币和金融机制经历真正的毁灭性剧增的时候,复杂的金融制度出现了。在办事人员的成全下,大量人事主管人员产生了。商店里工人的劳动条件有了根本性的改善。正如上面所描述的,直接的生产者越来越成为机器的附属物。

虽然历史最终没有像马克思主义者们所期望的那样使资本主义社会根本性毁灭,但他们中的一些人,特别是列宁认识到了资本主义毁灭(stakes)的重要性。讨论的焦点不仅在于公司的大小和垄断的规模,还在于资本主义是否能实现技术和管理革命,它们决定制度的效率和社会妥协的可能性。尽管有帝国主义战争,但历史与资本主义共存。

大萧条的持续冲击和第二次世界大战再一次削弱了资本主义的作用。它们加速资本主义的变革并且给这场变革一个新的维度,即与英国经济学家和外交家约翰·梅纳德·凯恩斯名字紧密相连的制度和政策。然而,把第二次世界大战后的30年的繁荣全归功于凯恩斯未免有些言过其实。其他诸如"第三条道路"或"混合经济"尽管现在已经过时,但当时被提出来具有一定的适用性。

妥协时期的利害关系和方法是什么呢?当凯恩斯理论主张把个人的首创精神应用到投资和公司管理中时,凯恩斯式的国家通过各种政策和调节手段(与信用、货币和金融制度负责有关的)控制经济活动水平和增长,根据经济状况调节国家支出,从而影响全球的需求和生产。国家宏观经济职责在于认识工作的权利;长期的失业或者其隐蔽性形式是不能被接受的。于是"分享增长的果实"和工资增长的观点形成了。国家无处不在,它涉足教育、研究和工业政策,有时直接管理某个具体经济部门。这必然带来社会保障体系(健康、家庭、退休和失业)的兴起。社会保障体系需要考虑三个因素:(1)广泛重视个人首创精神和资本博弈的基本原则;(2)国家干预以把控宏观经济形势,增长(在金融和一些产业限制某些个人的首创精神)和技术进步;(3)工作和劳动条件的保证以及购买力和社会保障的增加。

两次重大危机带来的变化的重要性不言而喻。在金融制度和19世纪初建立的大公司的背后,在战后凯恩斯主义国家背后,资本主义生产关系的深刻转型、生产方式的所有权及其管理控制和劳工工资正在形成(以工资为生的劳动者的劳动力像普通商品一样越来越匮乏)。新的阶级结构与这种生产关系的变化相适应,尤其与以经理和员工组成的中间阶级的发展相适应，（新的阶级结构——译者加）打破了资本家和无产阶级的固有矛盾。

马克思的历史理论所描述的生产力和生产关系的大讨论是上述运动的核心。众所周知的一般因果规律有：生产关系的发展与生产力的发展相适应；每个阶级结构都与一定的生产关系相适应；阶级斗争是历史发展的推动力；国家扮演重要角色。该分析框架不仅使解释不同的生产方式成为可能，而且使解释相同生产方式下形成的不同阶段也成为可能。

本书的中心论题是：历史发展的推动力仍在发挥作用。这种机制自诞生之日起就支配着资本主义的转型——在19世纪末和20世纪前50年仍发挥着作用——仍支配着20世纪后10年的发展。一般的方法和分析框架不变：20世纪70年代爆发的危机再一次创造了深层转型的条件；这些转型渐渐地带领我们进入一个新的社会秩序中；生产关系和阶级结构正处于危机之中。

20世纪70年代的危机和19世纪末的危机有很多相似之处。70年代的危机并不局限于某个正在发生的事件，例如1974—1975年的衰退（曾被轻率地归因于第一次石油危机）；这次危机深刻且持续时间很长，是一次结构性危机，它的前兆是20世纪60年代在美国发生的危机。危机带来的变化很大。增长和技术进步受到影响；被记录的通胀率在20世纪70年代被发达国家刷新了。工资在一段时间里陷入近似停滞的状态；利润率下降，更甚的是一大批的失业代替了原有的充分就业的状态。

在这次危机的特点里——资本盈利能力的下降及其对统治阶级收入的影响——找到实施转型的潜在原因是必要的。

在危机发生的头10年，统治阶级的收入急剧下降。不但利润减少，而且以股息形式分配给股东的利润也减少了；通货膨胀使贷款贬值。公司经理和制定政策的公共经济部门的官员获得了像资本主义所有者一样的一定程度的自治权。为了应对危机，官员们一开始就制定了一系列地方性政策，这些政策本意是刺激增长和就业，但是却损害了财政收入。政策的制定者反而从中获益。

（对危机的——译者加）反击最值得称道的是1979年的奇袭妙计：无论什么样的代价，骤然上升的利率抑制了通货膨胀。这次奇袭引发了一连串波及整个社会和全部经济的行动，这些行动与新的社会秩序相适应,它以最直接的方式维护了部分统治阶级的收入和权力。这种新秩序在整个世界,至少在未来利润丰裕国家仅是昙花一现。

资本主义的这个新过程证实自结构性危机开始,它所收获到的是——过去几十年工人条件改善的终结。工资的增长被迫中断或明显地减缓了;有试图瓦解社会保障体系的尝试;工作安全的缺乏变得更加普遍;等等。反对最初压迫的主要斗争以最大的决心被限制在国内(尤其是美国和英国)。受欢迎的战略——革命(在社会主义国家、资本主义国家的左派或外围国家)和改革(左翼政策,诸如经济刺激、国有化)失去或正在失去其可信度。[1]

如何定义20世纪70年代危机引发的社会秩序的特点?应给社会秩序贴上什么样的标签?"新自由主义"这个术语的使用已经渐渐地变得更加普遍——危机使我们进入了新自由主义国家。

然而,"新自由主义"这个术语却反映出很多复杂的问题。让我们先撇开一个事实,即"新自由主义"这个术语对于任何美国读者来说是个伪友(faux ami),因为在美国,"自由"这个词表明一个男人或者女人或多或少地有点左翼倾向(自由与保守是相对的)。当考虑自由的含义时,这个术语把我们带回到法国革命充满矛盾的核心——一方面是自由、平等、无限需求,另一方面是贸易和工业(雇佣,特别是解雇)的自由。当然,贸易和工业的自由是新自由主义者所崇尚的。

18世纪,为了获取自由,贸易和工业开始攻击旧的封建制度。对旧的封建制度的攻击在我们所处的时代意味着反对某种国家干预。在新自由主义者看来,一些国家的特权超越了正常合理的限度,这种限度在某种程度上确保了生产秩序和生产关系,增加了有钱人的好处。我们的国家经历了凯恩斯主义阶段,但仍部分地成为过去阶级妥协的支持者。在这个层面上,我们的国家遭到新自由主义的一致抵制。但是,这些国家仍是国内状况恶化的始作俑者和新自由主义秩序国际传播的代言人。最有实力的国家将它们的法律(它们的商品,它们的资本和它们的规则)强加于他人的同时却阻止其他国家这样做。这种自由才是最强有力的自由。

"新"这个前缀不像由它修饰的自由容易带来问题。谈论新的自由

---

[1] 正如在拉丁美洲一样,极端暴力的直接行动动摇了最激进的尝试。

主义意味着曾经有个老的自由主义。老自由主义是哪一个呢？我们还是把这个问题留给历史学家去讨论吧。①

更一般地，权力的回归可看成资产阶级权力的回归，它与强调生产方式的所有权一致。但是，这种说法依然太笼统了。在新自由主义中有金融部分，它带领我们进入资本主义关系的中心地带、统治阶级的不同构成部分和使资产阶级权力发挥作用的制度框架等。我们使用"金融"这个概念来描述这种框架的特征，使用（"金融"一词——译者加）比定义（"金融"一词——译者加）（第二十三章）容易。需要注意的是："金融"并非简单地指经济的金融部门，而是指上层资产阶级集团，它们的财产具体化为持有的证券（股票份额、债券和国库券等）和拥有的金融机构（中央银行、商业银行、基金等）。

新自由主义带来两个结果。一是资产阶级上层集团根据其自身利益管理危机，从而延长了危机；二是危机的扩散使资产阶级上层集团根据其自身利益改变历史成为可能。它们表明管理危机和建立一个可选择的社会确实有内在的联系——危机为摧毁旧秩序创造了条件。

应当如何理解"根据某个社会集团的利益来管理危机"呢？答案就是根据双重标准行事，做一切有利于保护社会集团利益的事情，当收入以传统方式衡量减少时，通过其他手段获得收入而不管对其他社会集团和国家产生什么结果。以维护资产阶级上层集团的利益来管理危机意味着对失业漠不关心，甚至对工资需求、社会保障水平和工作保障施加压力。试图在世界范围内推广新自由主义秩序是具有毁灭性的。

"依据自身利益改变历史进程"意味着管理者集团的大部分成员为了自身权力建立制度框架；"依据自身利益改变历史进程"意味着巩固自己和管理精英之间的联盟关系；打破商界内部对雇佣、解雇和合并这些自由权力限制的规则；瓦解政府保障旧社会联盟的方式；中央银行回归稳定物价和保护债权人资产这一独有的服务上来；让退休和社保进入可盈利的领域，以有利于退休金和私人保险公司（尤其是健康护理）；打破靠工资吃饭的人之间的团结局面，代之以所谓的工人和所有者（资本家）之间的合伙关系（每一个人即是资本家的方法）；给失业和社会

---

① 例如，参见 J. 温斯坦的介绍，《自由国家的社会理想，1900—1918》，波士顿灯火出版社 1968 年版。

流浪汉提供舒服的缓冲垫，这个缓冲垫被薄而易损的屏障分开；控制劳动成本。与工人有关的金融控制用看似优雅的词汇"灵活度"这个术语命名——灵活的适应能力。

当然，这里存在政治风险，但是任何人要进入世界最优秀资本家行列就必须拥有一定的资金，以便在所有国家、在国际上维持秩序。

金融在意识形态和政治上利用20世纪70年代的危机开启了一个新的社会，这个社会显示了它的形象和与之相符的利益。（金融——译者加）自称是救世主，是唯一能够把资本主义从困境中解脱出来的力量，它们以玩世不恭的方式控制舆论，实质上是操纵危机，首先确保其自身的利益得到保护，自然地，其对手受到打击而变得沉默。

作为一种疗法，金融采取的全部行动展现在我们面前。新自由主义社会的兴起与危机结束是同一语。证据是：美国比大多数欧洲国家有更多的新自由，美国在20世纪90年代经历了更高的增长。这种行动的次效应是一个暂时的、过渡的时期。这些讨论并未把美国或世界其他国家从2000年的衰退中解救出来。

另一条道路的可能性问题一直存在着。本书的分析使得从技术上和政治上来正视这个问题成为可能。从技术水平上讲，对失业的研究得到了一个确凿的结论：如果没有争议的话，我们的经济经历的失业浪潮持续的时间很短。有人认为这个结论令人吃惊。主要经济变量的一个少许的不同的行动方向会深层次地改变工作状况，进而质疑所实行的经济政策。通货膨胀很高并且使金融无法容忍；失业和社会排外也是社会所不能容忍的。人们已做出明确的选择。

为什么之前和第二次世界大战后的妥协没有处理好危机？危机的消亡是因为其固有的弱点还是因为金融力量的强大？面对危机时凯恩斯主义的脆弱和富有进攻性的金融的影响产生协同效应了吗？欧洲和日本的经济和社会结构与美国大相径庭，但为何前者在很大程度上向新自由主义的扩张屈服？金融权力是如何形成的？所有这些问题都非常重要，因为在这种分析水平上，必须找到已观察到的政治斗争和发展的主要决定因素。第一种观点阐述了这种运动依情况而定的性质，它更偏向技术层面，直接面对社会力量的政治观点却更难定义。但是，可以断定，民众斗争的弱点依然扮演着重要角色。

本章提及的历史有很多地方值得我们学习。这些教训将是第四部分和第五部分的核心。第四部分从历史角度探讨危机终结的可能性和危机目前存在的危险。19世纪得出的结论是，社会从危机中幸存下来，我们以同样的方式摆脱了20世纪70年代危机了吗？在多大程度上可以做出这种比较？这场危机的结束会使我们受到下一次危机的威胁吗？例如大萧条，它在20世纪情况好转时发生，第二次世界大战之后的30年政策的选择上能教会我们什么？这些模式能被推广吗？第五部分更进一步拓宽这一历史视角。凯恩斯理论和实践的贡献是什么？换句话说，设想一个金融不占主导地位的资本主义可能吗？马克思主义者的分析是如何让我们认识资本主义的历史变革力量及其目前的转型的？生产关系的变革是什么？新的阶级结构是什么样子的？

第二部分

危机与失业

无论是在内容上还是在方法上，第二部分（也可以说是第三部分）与之前所述有很多可比较之处。第二章让我们看到了金融阶级得意扬扬之状。从现在开始，我们必须了解现实生活中残酷的一面，即危机与失业。抛开宏伟的历史全景，我们现在将要对机制、反映技术特征的各种变量、分配、增长与就业之间的关系进行分析研究。这样的研究也许很枯燥，但意义却很大。结构性危机的根源是什么？20世纪60年代末的经济危机的第一标志是什么？是否有可能建立一种单一的诊断机制来解释欧洲以及美国经济的发展呢？

第三章和第四章提出一个欧洲和美国共享的一般模式，集中讨论20世纪70年代资本盈利能力下降问题。但是这种方法将运用到第五章的比较分析中，研究欧洲一些欠发达国家经济与走出第二次世界大战的美国经济之间的关系，以及它们是如何逐渐发挥核心作用的。这种分析的动机之一是为了使问题更易于被人们了解——其目的是使问题更为清晰。欧盟失业的深度和其持续的特征反映出其结构上的与众不同，而非新自由主义宣传者所言。

第六章和第七章围绕两个问题对危机与失业进行分析。20世纪70年代和80年代的失业潮是不可避免的吗？我们从结构性危机摆脱出来了吗？答案的基本要点已有了，研究货币和金融过程才可能对问题有一个完整的回答。第二部分的分析工具展示了技术和分配的一般趋势，这个工具在语言学方面和术语表达方面是基本的，但它也是有局限性的。为了在技术和分配趋势中看清分析的基础，人们必须求助于马克思吗？这个分析的基础是一个必要的出发点。

第 三 章
20世纪70年代和80年代的结构性危机

从20世纪60年代末到80年代初,一场危机打击了发达资本主义国家。特别在欧洲,不断攀升的失业率是其最主要的特征之一。但是,除了失业外,这场危机还带来了一系列的问题:增长放缓、技术进步减速、经济过热和经济衰退频率增加,通货膨胀失控以及货币和金融危机。上面所举并不包含所有的一切。这些方面的多样性使这场危机的结构性特点更清晰,这才是关键所在。

显而易见,这场结构性危机引起了人们的注意。尽管人们都能指出特定时间内的特别事件,但所有人都不得不承认(经济——译者加)出岔子了。美国的衰退通常可追溯到20世纪60年代末,在第一次衰退过程中,经济的衰退伴随着持续的通货膨胀(滞胀)。在欧洲,滞胀可追溯到1974—1975年的衰退,同时伴随着石油价格的上涨。在欧洲危机发生的时候,不管"石油危机前"和"石油危机后"的根源是什么,对二者的表述成为分析的中心。但是,石油危机并不是这场持久的多样化的经济危机产生的原因。至于可能的结论,均依赖于人们关注的指标——如就业或股票市场。

在分析结构性危机的时候,人们必须仔细区分一个重要因素,它从不断恶化的情况出发解释了一些行为的突发性,情况的恶化源于一些潜在趋势的融合——反映技术和分配特征的主要变量(劳动和资本盈利能力、实际工资、利润率)的历史趋势。这些变量的变化过程是本章和下一章研究的中心:这种令人不愉快的变化的本质是什么?这种变化对美国和欧洲来说习以为常,人们可以将20世纪70年代和80年代与之前的20年进行比较。

在一系列复杂的变化过程中我们很难定位自己。相互作用的原因和结果迅速变为相互依存的关系。但是，关于由利润率来测算资本的盈利能力的重要性的想法出现了。利润率是一年内产生的利润与所用全部资本的比值；它表示这些资本投资的成功程度（栏目3.1）。利润率并非全部问题的最初原因，但它却在很多分析中发挥重要作用。危机的很多方面都是由低利润率决定的。本章讨论的核心是20世纪末的结构性危机和20世纪60年代伴随着利润率下降间接带来的失业，在利润率出现新的上升趋势之前，20世纪80年代利润率持续下降。

> **栏目3.1 利润率：劳动和资本生产率，工资率**
>
> 利润率是表示资本盈利能力的指标。它表示在给定的时间，如一年，所实现的利润与投资于一个公司、一个经济部门或者整个经济体的全部资本的比值。不管是利润问题还是已预付的资本存货问题，利润率的决定是一个谨慎小心的过程。计算利润是从销售中减去所有的支出（原材料、折旧、服务成本和工资）。但是根据是否付息或者是否扣除税，利润有多种不同的表示方法。因此，应该对定义有详细的说明，比如，就利润而言，有付息前或付息后利润；税前或税后利润。预算总投资是一件更加困难的事情，因为它是在公司长期经营中逐渐构成的。在给定的时间里，不同的投资以不同类型的资产表现，例如固定资产，建筑和机器（更广义地说，包括汽车、计算机等）；存货，如原材料、未售出的商品、金融资产、流动性资产，公司内部发生的债务，这些必须从总价值中扣除出去。
>
> 值得记住的是，资本主义企业的获利能力并不是由企业所实现的全部收入的利润份额（与工资相对）来衡量。资本家感兴趣的不是他们需要付出100万元还是1000万元的工资才可以得到100万元的利润，而是为了利润最大化他们必须投资多少。这才是利润率所要计算的。在评价一个企业的盈利如何时就很容易理解盈利能力的重要性。至于利息率，它们衡量贷款的报酬，而非生产活动或商业活动的报酬。

| 第三章 |　20 世纪 70 年代和 80 年代的结构性危机

> 一般地，技术和工资决定利润率。除了利润率外，我们同样需要重视以下几个重要的变量：劳动生产率、资本生产率和工资率。[a] 从广义定义上来看，主要变量还应包括所有与就业相关的成本（社会税）。通过以上三个变量可以计算固定资本的利润率，不包括利息和税的支付。
>
> $$\text{利润率} = \frac{\text{利润}}{\text{固定资本}} = \frac{\text{利润}}{\text{产出}} \times \frac{\text{产出}}{\text{固定资本}}$$
>
> $$\text{利润率} = \text{利润额} \times \text{资本生产率}$$
>
> $$\text{利润额} = 1 - \frac{\text{实际工资率}}{\text{劳动生产率}}$$
>
> a. 分别地，产出和表示就业的指标（例如工作的小时数）之比或者产出与资本（一般指固定资本的数量）之比，资本生产率并不是马克思价值理论中所讲的资本创造价值。它仅仅是一个比率。

凭经验可得出利润率下降的事实。图 3.1 表示欧洲地区（仅包括三个主要国家：德国、法国和英国）[①] 以及美国从 1960 年到 20 世纪末 40 年间的利润率。[②] 利润率的测算方法没有考虑税收和利率（这将在第三部分分析）的影响。除了美国自 1997 年利润率下降外，双方利润率变化的程度在其他年份都保持着惊人的相似。利润率的下降在 60 年代到 80 年代初非常明显，随后利润率呈上升趋势，90 年代末欧洲的利润率又回到了 60 年代的水平。

[①] 数据的缺乏是我们受到关于欧洲的不对外公开的观点的限制。1995 年，这三个国家的产出是美国产出的 70.2%，其中德国 33.5%，法国 21.2%，英国 15.5%。

[②] 如前面所提到的，附录 B 中介绍来源和计算。我们进行了大量的关于利润率下降的分析研究（附录 A）。也可参见 F. 摩斯利：《战后利润率下降的美国经济》，纽约马丁出版社 1992 年版，还可参见《利润率和资本主义的未来》，《激进政治经济学评论》1997 年第 29 期，第 23—41 页；A. 沙伊克：《利润率下降是长波的原因：理论性和实验性检验》，出自 A. Kleinknecht、E. 曼德尔和 I. Walleratein 编辑的《长波研究的新发现》，伦敦麦克米伦出版社 1992 年版，第 174—195 页；E. 伍尔夫（E. Wolff）：《结构变化和美国利润率的变动》，出自 F. 莫塞莱和 E. 伍尔夫主编的《以国际视角看盈利能力和积累》，Aldershot：Edward Elgar 出版社 1992 年版，第 93—121 页；R. 布伦纳：《全球动荡的经济学》，《新左派评论》1998 年第 229 期，第 1—264 页；M. 哈森：《后黄金时代：资本主义的第三阶段》，摘自 G. 阿卡主编的《厄内思特·曼德尔的马克思主义》，巴黎法国大学出版社 1999 年版，第 49—78 页。

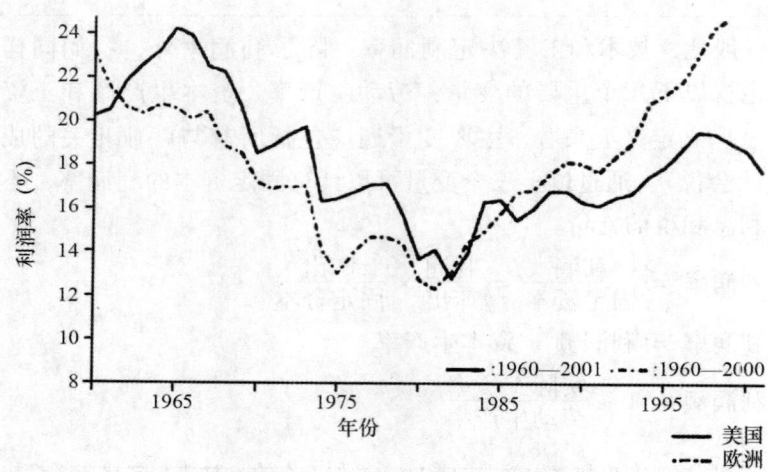

图 3.1　美国和欧洲（德国、法国、英国）利润率（分析的单位是全部公司）

注：利润率与利润的宽口径测量（净产出减去劳动力成本）以及折旧后的固定资产净存货有关（栏目 3.1）。利润包括税收、利息和股息的支付。

欧洲利润率下降的方式与美国相比并不完全相同。在欧洲，利润率尽管在 20 世纪 70 年代初出现某种扰动，但其下降一直非常有规律。利润率水平受有力的经济活动的刺激，在 1973 年石油危机前达到了最高点。这段时间经济上受到凯恩斯主义政策的支持。紧接着，利润率开始突然下降，这也就解释了为什么 1973 年被广泛地称为经济衰退的开始，尽管这种趋势在之前就已经开始显现。美国的这种变化却没有欧洲那么明显。最引人注目的差异在 1965 年，美国利润率达到了高点。继 1960 年的衰退后，美国在 20 世纪 60 年代出现了一段蓬勃向上的发展期，这与越战费用支出有关。在美国，如同在欧洲一样，有些事件可能成为暂缓利润率下降的因素。除了政策性因素之外，我们还会看到，在通货膨胀率一定的情况下，利息率的费用支出减少。这仅仅延缓了危机的爆发。从长期来看这些政策的实施并不能阻止利润率的下降，现阶段的观察家还没有认清造成利润率下降的原因。为了表明以这种方式记录的美国经济放缓的事实，我们谈及凯恩斯的（和通胀）喘息，强调它在时间方面的必要限制，以及与有特别妙计的政策的关系。

但是，谈及利润率下降并不意味对危机进行分析就能得出结论，因为我们还需要找出造成利润率下降的原因。暂时搁置某些追溯机制，我们可以说，利润率使我们区分危机产生的原因和造成的结果成为可能：

造成利润率下降的原因→利润率下降→作为一种结果的危机

这一章仅仅讨论利润率下降造成的后果，而先不讨论造成利润率下降的原因，讨论仅仅限于资本积累的下降和失业两个后果。

利润率与经济危机的一般关系可以简单地概括如下：利润率是资本主义生产的发动机，当它下降时，公司陷入困境，扰乱经济的一般运行（栏目3.2）。这个论题是马克思《资本论》分析的核心内容。

栏目3.2　盈利能力下降的结果

低的盈利水平使得企业面临现金流问题，企业一旦流动性短缺，就很难偿还借款和获得融资，导致更严格的管理，尤其在投资和生产的决定方面。

盈利水平也可以用投资率或资本积累来表示。利润可以更好地吸引投资；公司可以直接融资或利用更有优势的条件发行股票或进行借贷。利润率不足会降低投资率。投资的减少很大程度上导致危机的两个本质性的方面发生变化，即产出的减少和失业的增加。

衰退可以被解释为产出的累积性收缩。产出的减少和需求的减少紧密相关，一方的发生会导致另一方的发生。产出的减少意味着购买资本产品的减少，同时也意味着工资支出的减少，由此减少需求。需求的减少进一步导致产出的减少。衰退的强度是反应能力强度的函数，尤其是公司对它们产品销售困难的敏感度，盈利能力的影响在短期内能被察觉到。当公司在经历销售下滑并且未出售库存增加时，持续的过多生产导致持续的资金损耗，而公司资金又不能依靠销售收入进行有效补充。因此，公司利润的减少和低水平的利润率使得公司只好调整产出以适应需求从而度过销售困难期。伴随着直接机制，当这种行为在整个经济蔓延的时候，它增加了不稳定性，经济冲击表现出累积性特征。这种螺旋归因于结构性危机期间循环波动的加强，尤其是衰退次数的增加和衰退深度的增强。

经济自身可以在一定程度上适应盈利能力的下降，但是这种适应过程很复杂且需要时间。企业在困难重重的情况下需要采取不同的方法来应对这些困难：它们必须要管理好它们的流动性资产并且获得新的金融资产；改善金融系统（利用该系统实现融资和收益的增加）；制定新的宏观经济政策以改善积累缓慢的情况。这些调整可行，但不会自发实现。

现在仍需要明确危机与失业之间的关系。在这一点上我们可以给出一个明确的答案。造成1975—1985年失业大潮的原因是由于低水平的投资和不充足的资本积累。

利润率的下降 →积累的放缓→失业

至于技术变化对就业的影响，伴随经济危机的是技术进步的放缓，它采用直接的方式，不是对利润产生影响，而是对就业有利，因为较慢的技术进步意味着更少地节约劳动，相对的就是更多的就业。

利润率的下降如图3.1所示，与之相伴的是更低的积累率，如图3.2所示。① 利润率的下降导致就业率增长的下降。表3.1给出了美国和三个欧洲国家在1974年前后10年平均利润率、积累率以及失业率情况。

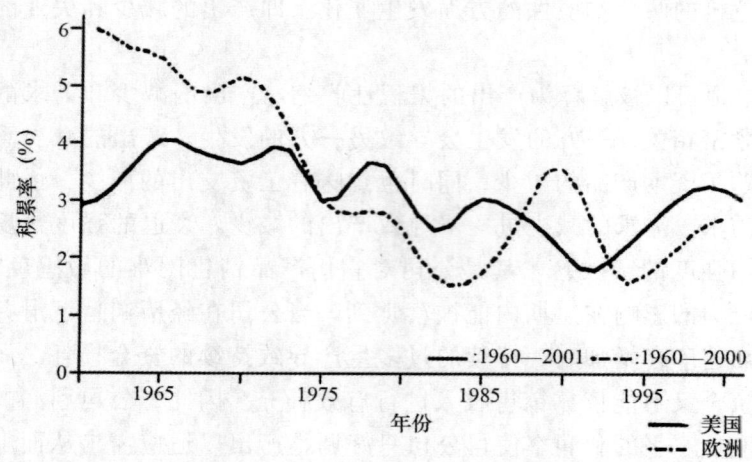

图3.2　美国和欧洲（德国、法国、英国）所有公司的积累率

注：积累率指固定资本净库存（net stock）的增长率。为了消除短期波动，对一些数据做了处理。

---

① 所有的增长率都是通过变量的大量数据计算得来（也就是说，对价格的上升做了修正）。

表 3.1　　　　　　　　　　利润率下降的后果　　　　　　　　　　　%

	美国		欧洲	
	1965—1974 年	1975—1984 年	1965—1974 年	1975—1984 年
利润率	20.6	15.4	18.1	13.8
积累率	3.8	3.0	4.8	2.3
失业率	4.6	7.7	1.8	6.1

积累的放缓和利润率的下降同时发生。利润率在 20 世纪 80 年代降至最低点。随后，积累开始恢复性增长，相比于美国稍有延迟的增长，欧洲积累率的增长显得更加迅速。

实际上，可用积累的放缓解释失业的扩大。经济增长，工作机会就会增加。相反，资本增长放缓，生产中所需的工人数量的增长也放缓。从 20 世纪 70 年代中期起，经济增长开始减缓；从此，相对于可工作的人数来说，社会不能再提供相应数量的工作机会；这种不充分的工作机会导致失业率的上升。无论其他什么变量使这些关系变得复杂，积累和经济增长是就业问题的核心。

持续的经济危机导致滞胀理论的产生，但是自 20 世纪 90 年代经济开始恢复性增长，这个理论就过时了。80 年代经济缓慢增长成为新时代的一个特征，此时需求不再像以前那样增长。在需求达到饱和之前，人类或至少特权者被发展和充裕冲昏了头脑。与需求的减少随之而来的就是就业增长的结束。在此，我们将提到另一个当时很盛行的理论，劳工的终结与过度的技术进步密切相关。在接下来关于技术进步与失业关系的两章里，将会批驳这个理论。

初步调查得出的诊断性结论是：利润率是解释经济危机、低积累率以及失业增长的关键。其他变量（如技术、增长、通货膨胀）只能证实如下一般性特点：结构性危机以同样的方式冲击了美国和欧洲，同样的原因有着同样的结果。

正如我们所注意到的，20 世纪 80 年代初利润率创低点，但随后开始有所上升。由此本章得出一个自相矛盾的观察性结论：利润率的下降伴随着积累的减少，但是最近的趋势却是，尽管 90 年代末积累率有一定的上升，但是利润率的上升并没有带来资本积累率的恢复。毋庸置疑，在这里有一个关于金融的问题，我们将在第九章里再次提到。

第 四 章

技术进步：加速还是减速？

技术进步在多大程度上可以解释失业？这个问题值得我们认真思考。失业的增加经常被归因为技术进步的加速，毫无疑问，这种解释是错误的。然而，这并不是说技术进步及其不断变化的发展速度不是影响经济危机和失业的重要因素，而是可以用另一种方式表明其重要性。不是因为技术进步加速了危机的发生和加剧了失业，而是技术进步的过程中某些方面出现了问题。

技术进步的加速导致失业这种逻辑过于简单——机器化代替了劳动，使得工人变得没有必要。这种分析同其他的特别与环境问题联系在一起，产生了是否需要技术进步的讨论。

但是，上面的解释并没有被事实证明是对的。无论怎样人们都会谈论技术加速。相反，在失业率上升的几十年里，技术进步率有所下降。毫无疑问，生产越来越机械化，对劳动的需求也相对地越来越少。这样的发展速度在20世纪60年代中期没有放缓。在之前的章节中就提到，导致失业潮的还有其他原因，即经济增长的放缓、产出增长的放缓和资本积累的放缓。

劳动生产率是反映技术进步的一个简单指标（表4.1）。它衡量每个工人在单位时间内（一小时）的产出。20世纪60年代，当经济几乎接近充分就业的时候，劳动生产率有相对较快的上升。相反地，结构性失业的那些年也是技术进步较为缓慢的年份，虽然每年的生产节约了劳动力，但以持续递减速度发生。这些观察将充分就业和充满活力的技术进步联系在了一起，而不是将较快的技术进步与失业的增长联系在一起。

表4.1　　　　　　　　　　生产率与失业　　　　　　　　　　　　%

	美国		欧洲	
	1965—1974年	1975—1984年	1965—1974年	1975—1984年
劳动生产率的增长率	2.1	0.9	4.8	2.9
失业率	4.6	7.7	1.8	6.1

这些发现可能会令人感到惊讶，但它们也是直观的。技术进步的速度是经济健康有活力发展的征候，同样也是充分就业的征候。当技术进步表现良好时，经济运行也会表现良好。①

技术进步的放缓在专家中众所周知且引发了广泛争议。这种争议在美国要比在欧洲更加热烈，因为它引发了美国强于其他国家的问题，特别是关于日本，在很长一段时间里，它的技术进步的速度比世界其他国家要快很多。

图4.1描绘了欧洲及美国自第二次世界大战以来劳动生产率的变化过程。多年来较为平缓的曲线再现了劳动生产率的增长率的下降。这种整体的技术进步速度的下降十分明显。在美国，1946—1970年，每小时劳动生产率的年增长率为3.3%。此后十几年里这个增长率就没有再超过1.5%。

有可能看到近期美国劳动生产率的好转吗？在20世纪过去的五年里美国劳动生产率平均增长率达到了1.6%。可以看出劳动生产率有所恢复，但依旧是十分缓慢的。②

这些观察到的现象同人们头脑中由大量新商品和服务支持的技术变化的形象相矛盾。例如，应用越来越广泛的计算机与电子通信技术还在不断给人们带来惊喜。

在此，有两点需要注意。第一，不能给予这种观点充分的信任。新近的创新应与以前的创新进行比较——工业革命，19世纪末，20世纪初，第一次世界大战后的十几年。难道这些年里取得的科技成就不显著吗？电及无线电广播发展得怎样呢？很多第二次世界大战前的创新在战

---

① 毫无疑问，在这里我们并没有讨论技术进步给生活方式或环境带来的结果。

② 这种增长发生在特别不景气的五年之后，1990—1995年增长率下降到1.1%，这是对经济好转进行的令人满意的方式。在这个分析中，应该区分技术变革条件下可能的潜在的改善与经济活动波动的影响（过热和萧条），这种影响由劳动生产率决定。

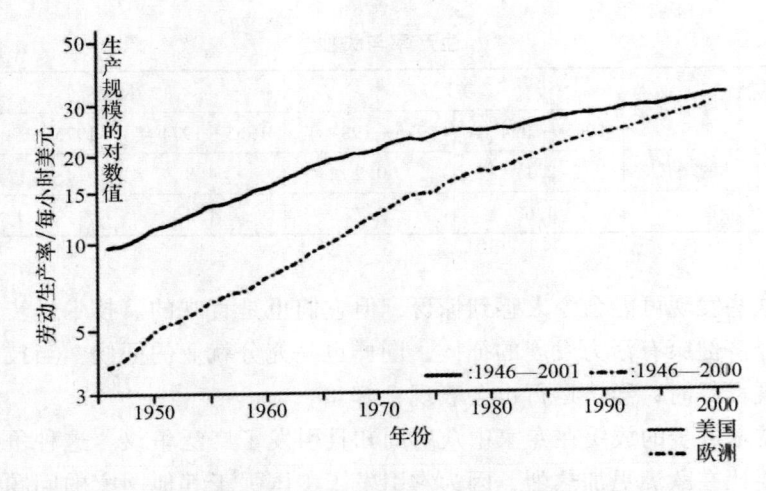

图4.1 劳动生产率（每小时美元，1990）：美国及欧洲（德国、法国、英国），所有的公司

注：劳动生产率是在剔除通货膨胀影响后劳动小时数的净产出。这幅图是在本书中第一次使用对数刻度——曲线的斜率同变量的增长率成正比。经常性的波动在这幅图中较小是由于经济活动的过热或放缓所致。

后的欧洲得到广泛传播，甚至那些更早的创新，像汽车、塑料以及家电的发明使家庭生活机械化。当然，手机、家庭计算机和互联网同样令人惊奇，但过去几十年里也有它们的产品份额。

第二，尽管创新过程与劳动生产率的变化过程在一定程度上有关，但创新流和劳动生产率的变化表现不同。生产商品及服务（可用劳动生产率的进步度量）所需资源的节约不同于消费商品的节约。在我们对失业的分析中，从生产商品或提供服务的过程中对原材料的节约角度看，"技术进步"必须理解为"生产技术进步"（与机械化和组织化相关）。当考虑到经济全球化时，这种形式的技术进步对盈利能力和就业是重要的。

如果技术进步的加速不是问题的话，那么这种进步和失业之间是什么关系呢？在我们的观点中，二者之间的关系是间接的且非常简单。相反，问题的症结是技术进步的减速。要理解这点，需要我们回到第三章中的第一个表，该表给出了影响利润率下降的因素、利润率下降的结果以及失业问题的逻辑链条。我们得到了如下结论：技术进步是分析失业的关键，因为它影响了利润率的变化。因此，我们必须在前面的图表之前详细说明决定利润率的关键性因素之一的技术进步带来了什么？

低的技术进步率──→利润率下降──→积累下降──→失业

技术进步通过间接的方式与失业问题联系起来。作为决定利润率的因素之一，技术进步处于此逻辑链条的始端，它的降低带来了利润率的下降，随之而来的是积累的减少、就业增长的不足，失业便是这种不足的反应。

我们现在检验这根链条的第一个连接处，技术进步和利润率上下波动的关系。用来解释资本盈利能力下降的技术进步发生了什么？

对于技术进步中存在的问题我们已有的第一个线索是图4.1中所描述的劳动生产率的下降。20世纪50年代和60年代，生产商品和服务所需的劳动力被大量地节约下来；随后节约率下降。

为了弄清楚节约率下降的原因，我们回想起节约劳动力的主要方式是机械化。劳动力的相对较少的利用是由于更多地使用了固定资产（或者较昂贵的项目）。"机械化"这个术语的使用是有严格限制的，因为它意味着在生产中增加机器的使用，然而固定资产还包括其他项目，例如建筑物，但是这通常是在更广泛的意义上使用。因此，为了论及进步，只比较生产中的劳动消耗和产出的做法是不充分的。另外，还必须弄清生产所需要的固定资本的数量，也就是节约劳动力所需增加的资本的数量。

同样，劳动生产率衡量每小时劳动所生产出的产品，资本生产率衡量每单位资本，也就是每一美元的固定资本（栏目3.1）所生产的产品。一美元的建筑物、机器或者交通工具每年可以生产价值多少美元的产品？这是一个问题。资本生产率的变化是20世纪70年代发生转型的一个至关重要的因素。

在图4.2中，对美国资本生产率的考察揭示了一个惊人的结果。自第二次世界大战以来，无论资本生产率向哪个方向波动，都未呈现清晰的趋势，但20世纪60年代后期资本生产率开始显著下降，这恰在危机发生之前。一种类似的、更加有规律的发展情况也出现在欧洲，至少从1960年开始有统计数据之后可以看出（图4.3）。

28 | 第二部分　危机与失业 |

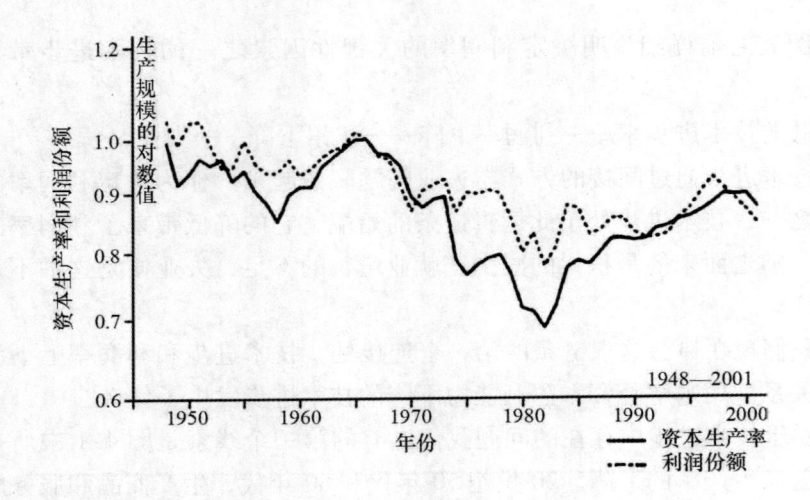

图 4.2　资本生产率和利润份额（1996 = 1）：美国，所有公司

注：资本生产率是指固定资本总量之上的净产出（栏目3.1）。利润份额是超出净产出的广义的利润定义（在税收、利息和股利支付之前）。图 4.2 和图 4.3 中的横纵轴是一样的，这幅图中数据都被除以 1996 年的价值，以保证那一年的数据为 1。

尽管我们仍在使用"技术进步"，但资本生产率下降的趋势使"技术进步"一词的可信度大大降低。尽管生产和劳动方面在厉行节约，但又给它们不断补偿资本所需——一方在减少，另一方在增加，一方在进步，另一方在退步。

固定资产（机械化）的大量使用有目共睹，但人们必须考察它的特点。资本的权重达到如此比例，以至与所生产的产品和服务的价格有关的资本的总价格直到 20 世纪 80 年代初才开始停止增长，正如资本生产率下降所示。尽管机械化使得劳动生产率的增长成为可能，但从盈利能力角度看，其成本限制了它的潜力。机械化在节约劳动力方面有效，但它非常昂贵。

技术进步过程需要日益增长的资本，马克思早在 19 世纪中期就看到了。他在《资本论》第 3 卷将这个观点放在了利润率下降趋势分析的核心位置中（栏目4.1）。因此，我们称资本增加不仅与劳动力的使用有关，还与产出有关——越来越少的劳动力和相对越来越多的机器被称为"马克思式的技术进步"。图 4.2 和图 4.3 中资本生产率下降的时期可看成马克思式的时期。这个特点很重要，因为它要对另一个特点负责：通常技术进步与利润率的下降一致（图3.1）。

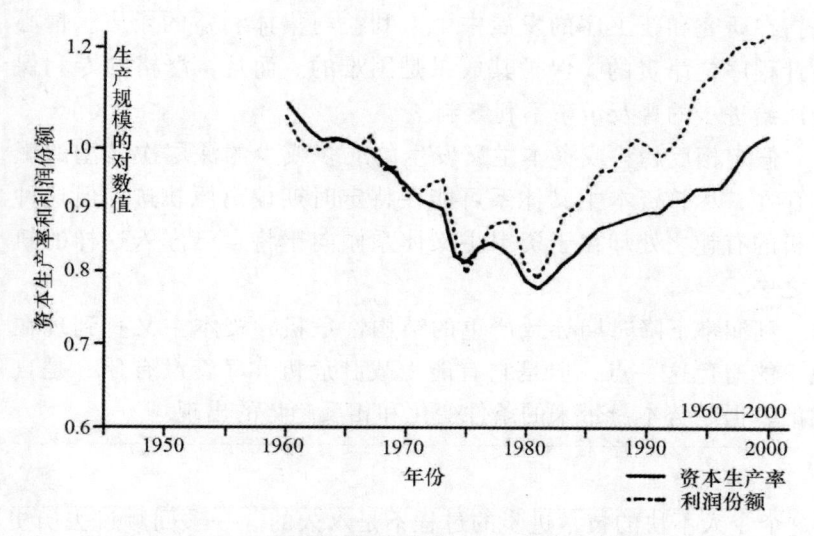

图 4.3　资本生产率和利润份额（1996 = 1）：欧洲（德国、法国和英国），所有公司

栏目 4.1　利润率下降的趋势

在《资本论》第 3 卷中，马克思为资本主义生产的一系列"历史的趋势"的特点作了详细的描述。"趋势"这个概念是指技术和分配的长期演化——广泛的运动可从周期的波动中（连续的过热和衰退）单独地看到。这些趋势的最显著的特征被马克思描述为利润率的下降。尽管资本存量的增长率在下降、就业在增加，但马克思所描述的仍包括劳动生产率的进步、资本构成的提高（资本—劳动力的比率）、大量资本的不断积累。所以，这是劳动生产率进步和增长的轨迹，但在这个轨迹中利润率是下降的。马克思的直觉是劳动生产率的进步需要昂贵的机械化来完成。我们通常用资本生产率的下降而不是资本构成的提高来描述这种机械化轮廓的特点。我们称这些为"马克思式的轨迹"。

> 之前我们用"创新困境"来解释马克思的直觉力。这个困境是指在研究和新工序的发展中个人利益与集体利益的矛盾。精心设计程序是昂贵的,保护其成果是困难的。而且,严格的专利保护法给进步的普及带来不利影响。
>
> 假定相反趋势或资本主义发生的或多或少的深层次转型的影响存在,尽管资本主义体系可能在特定时期偏离原轨迹,但这种分析的有趣之处却在于资本主义体系倾向于将自己嵌入这样的轨迹之中。
>
> 利润率下降时期导致严重的结构性危机,资本主义直到现在也不能避免这一点,但是它有能力战胜危机。尽管没有什么是自发的,但趋势本身带来的条件变化和相反趋势的出现。

这个令人不快的技术进步的过程不是永久的。一项回顾过去历史的调查发现,经历了第一次世界大战的美国在技术变化的速度和形式上处于十分有利的地位(第十六章)。实际进步全方位表现为:年复一年,每单位产出需要更少的劳动和更少的资本。尽管实际工资以特别快的速度增长,但是利润率也是上升的。利润率的下降导致积累的放缓和工作增长的不足,因此,失业应归因于技术变化优势的消失。

利润率不仅依赖技术,而且还依赖工资。由此,许多人将利润率下降归咎于工资的过度增长。的确,如表4.2所示。从工资角度来看,工资成本增长率在下降,但这种改变对利润率下降产生了相反的影响。

表4.2　　　　　　　　　　工资与利润率　　　　　　　　　　%

	美国		欧洲	
	1965—1974 年	1975—1984 年	1965—1974 年	1975—1984 年
工资成本增长率	2.4	1.1	5.5	2.7
利润率	20.6	15.4	18.1	13.8

危机时期较早地严格控制工资和社会税的增长并非巧合。与危机相伴的失业的波动在很大程度上使工资和社会税的增长缓慢下降。在整个危机时期,工资上涨率一直下降到不能再下降时为止(第六章)。美国

直到20世纪90年代后期工资上涨率才回升,这点我们稍后讨论。

面对技术进步的放缓,雇主想办法把所有的负担转嫁到雇员身上。他们在这方面的成功姗姗来迟。但是事务间的这些链条不能被颠倒。过快的工资增长并没有扰乱和平的世界。技术进步过程的中断带来一个新的经济轨迹:工资被调整了。

尽管较低的工资在增长,但劳动力成本逐渐开始给资本盈利能力带来大的负担。只要劳动生产率上升的减缓受到限制,那么在美国,直到20世纪70年代中期这种负担就变得轻多了。正如图4.2中所看到的[①],全部收入中利润所占的份额直到20世纪70年代停止下降。利润所占份额的减少应归因于劳动生产率增长的急剧下降,这种减少在很大程度上造成了70年代利润率的下降。类似的演进在欧洲也发生了(图4.3)。

那些将利润率的下降归咎于工资的人认为,事实上,为了维持资本盈利能力,工资应当迅速且完全适应令人不悦的技术进步的变化。但在这方面,其他社会团体对此抱有什么态度呢?我们将回到这个话题。

总的说来,事件发生如下。不利于技术进步的条件在20世纪60年代甚至更早就出现了。尽管欧洲和美国遏制工资率上升,但资本盈利能力还是下降了,经济增长(资本积累率)受到很大的影响。欧洲经济尤其没有能力为同等数量的有劳动能力的人创造大量的工作机会——因此出现了结构性失业浪潮。这根链条从技术进步,经过资本盈利能力、积累至失业。问题不在于太多的进步,而恰是进步不足。

尽管有超出我们研究的风险,人们不得不注意图4.2和图4.3中20世纪80年代初期后几十年的特点。资本生产率和利润份额上升的趋势与利润率上升有关(图3.1),这种趋势可以被清晰地看到——资本主义变化过程中的一个本质性的因素,它标志着一个新阶段的开始[②]。然而,劳动生产率的显著提高却未看到(图4.1)。自1998年以来,美国近期利润份额的减少(图4.2)可从利润率变化的趋势中看到,它是近期劳动成本率上升的结果(图6.1)。

---

① 这种推理通过栏目3.1介绍的公式展开。
② 马克思主义研讨会:《资本主义的新阶段?》,法国Syllepse出版社2001年版。

第 五 章

美国和欧洲：职位的创造者和失业的创造者

始于20世纪70年代的结构性危机在美国和欧盟都是常见的，但职位和失业问题在这两个经济区的发展程度却不同。1975年到1985年欧洲的结构性失业浪潮席卷范围更广且从未消失过，而美国的失业率则显著下降，在2000年经济衰退之前，给人的印象是就业回到正常状态，甚至出现了雇佣过多的现象。由于临时工作的增加和劳动条件的改善，关于在美国存在充分就业的新发现的想法仍然无法令人完全相信。20世纪90年代后期，美国官方统计的失业的减少同欧洲的失业停滞或缓慢减少形成鲜明对比。现在是为这个难题给出一个初步答案的时候了。

为什么发展不同呢？在这里人们必须了解灵活性程度在美国所产生的影响吗？这一步很快被新自由主义运动的拥护者所采用——据他们所说，美国有能力采用旧大陆因繁重的社会约束而拒绝的方式。美国再次成为榜样——准确地说，这是将要输入的一个新自由主义榜样。大西洋的一边有活力，另一边却僵化，或者说，通过美国和英国的例子可以看到，世界上那些最坚定地开始走上新自由主义道路的国家有活力，而欧洲大陆国家思想僵化。本章的目的在于反驳上述观点。

失业的不同可以简单地解释为：相同的增长率和积累在美国是就业增加，而在欧洲却是就业停滞，因为欧洲比美国的技术进步快。灵活性的优点未在讨论之列，而美国技术进步相对较慢的步伐却在讨论之列——劳动生产率增长缓慢。更确切地说，问题在于欧洲资本对劳动力更为迅速的替代（资本—劳动比率较快增长，也就是每个工人拥有的固定资产的数量、机器的数量）。欧洲经济提升较小，但从技术进步角度

第五章 美国和欧洲：职位的创造者和失业的创造者

看，自第二次世界大战以来欧洲经济表现更好，可能要比美国好很多。现在欧洲取得的进步较小，但仍比美国要多。

当欧洲从第二次世界大战走出的时候，它远远落后于美国。这是众所周知的事实，这可以用统计方法加以充分说明。图5.1给出了我们所关注的三个欧洲国家和美国的资本—劳动比率的估计情况。这张图描述了这三个国家迎头赶上美国的状况。资本—劳动比率用来衡量机械化的程度，欧洲主要国家的这个指标比海外其他国家低近三倍。固定资产相对少三倍，可以说是少了三倍的机器，也可以说机器相对便宜了三倍，这是在战争接近尾声时欧洲相对于美国的特点。在接下来的30多年里，落后的经济状况得以恢复，这多亏快速的技术和组织进步①。当然，对所有部门来说并非都这样；在这里我们讨论的是一般情况。

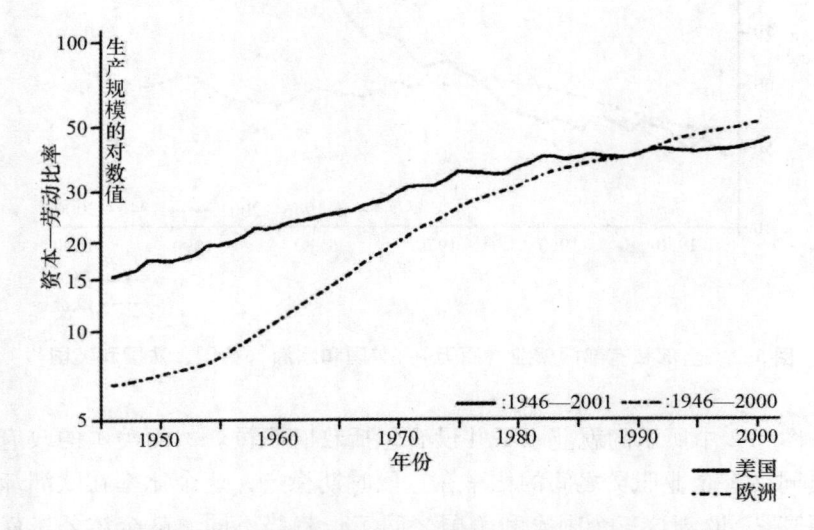

图5.1 资本—劳动比率（以1990年为基期千元/小时）：欧洲（德国、法国和英国）和美国，所有公司

注：资本是通货膨胀调整后的固定资产净存量，它除以工作小时数。

从就业角度想象快速现代化带来的结果是容易的——一方面是就业

---

① 在这样一个国际性的比较中，衡量不同国家的相对水平比衡量每个国家的特定趋势更加困难。有人会提出这样的问题，欧洲的增长率是否超过了美国。最近的几年中，经济发展的水平和趋势毫无疑问地反映了每个地区的特点而不仅仅反映了谁赶超了谁。

的增长，另一方面则是经济的停滞。这种不同相当醒目。为了确信这是真实的，考察图 5.2 即可。在图上可以看到两条表示私有部门就业的曲线，它们分别代表美国和欧洲三个国家 1946 年至 20 世纪末的情况。美国私有部门的就业人数自第二次世界大战以后一直以每年 1.6% 的平均速度增长；欧洲几乎没有增长，只是 20 世纪 70 年代以来围绕着劳动力稳定水平波动①。

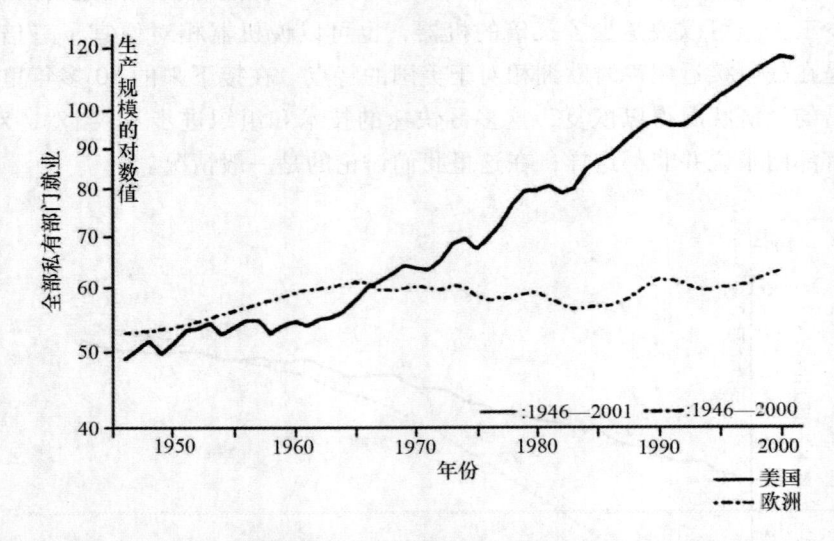

图 5.2　全部私有部门就业（百万）：美国和欧洲（德国、法国和英国）

图 5.2 中所示的就业水平并没有包括政府职员。然而美国的政府公务员同私有企业职员之间的比率在这段时期稳定，这个比率在欧洲却有所提高②。欧洲这三个国家和美国之间工作趋势不同，就全体公民就业情况与图 5.2 所示的私有部门就业而言，二者差别要小，但这种差别不会改变一般的观察，即美国拥有更多的就业增长——这可以由该国资本

---

① 对工作小时数的调查证实了欧洲和美国这种结构性的差异。由于减少了工作日，工作的小时数增加的少了。在三个欧洲国家中，私人部门的工作小时数明显减少了，从 1974 年的 1050 亿小时下降到 2000 年的 920 亿小时。

② 在 20 世纪 90 年代，公共部门的员工数量大约相当于欧洲私人部门员工数量的 20%，美国私人部门员工数量的 15%。

—劳动比率的增长较低来说明①。

在整个时期，不同的技术变革速度给就业带来的结果是显著的。在欧洲，20世纪20年代以前技术变革的快速增长（资本积累）弥补了就业，但在危机期间却有着戏剧性的影响。自1974年，即危机开始蔓延，美国的资本—劳动比率以每年1.0%的速度增长，欧洲三个国家的资本—劳动比率为2.7%，或者说，资本—劳动比已经增加至原来的两倍以上。如果欧洲这三个国家自1974年没有实行赶超战略，换句话说，如果它们同美国一样以每年1.0%的缓慢速度实现机械化，那么私有部门的就业包括——其他的所有因素一样，特别是积累率和每周减少的工作时间一样——约有3600万人就业，900万人失业，就业人数比2000年多。为了完全避免失业，欧洲三国应以每年2.2%的速度或两倍于美国的速度满足机械化增长的需要②。

从强大的技术进步一定能得出欧洲比美国拥有更好的技术吗？显然对这个问题的回答是否定的。这种说法已经包含在"迎头赶上"的概念里了。美国比欧洲更先进。欧洲引进了美国的技术和管理。但这并不意味着美国人发明了一切——在一定程度上，每个国家都有所贡献。在跨国公司的世界里，研究和创新的限制不再是传统的边界。众所周知，美国的方法在所有先进国家被广泛传播，而欧洲或日本的某些组织类型有时候被视为美国模式的替代品，但近期的发展从某种程度上将那些分析置于一定的背景之中，合适与否还不知道。

为了使一切简单化，撇开部门和国家间的差异，美国被视为至20世纪80年代以来技术和管理都处于尖端的国家。在这样的国家，创新完全实至名归。因为它意味着对未知的探索。它的成本很高，因为它以自己的方式走在知识的前沿。技术变革遵循其自身规律，即对本质进行分析。相反，其他国家的进步低于这个前沿水平。它们的技术变革受其他机制和法律的控制。然而，这并不意味着，获得技术水平或使技术水

---

① 与欧洲相比，工作的增长应该与人口大量的自然增长有关系。1999年，美国的出生率是15‰，死亡率是9‰。这三个欧洲国家，出生率和死亡率分别是：德国：10‰，10‰；法国：12‰，9‰；英国：12‰，10‰。

② 如果美国和欧洲的资本积累率完全相同。资本—劳动比率的增加能够解释工作创造的整体的不同（雇用的人数等于资本量，超过了资本—劳动比率）。积累率却不同（图3.2），但是技术的变化率确实解释了就工作创造而言所观察到的趋势。

平得到保证是容易的。我们面临在赶超方面所固有的问题的复杂性——欠发达国家可以从其他方面的进步获得益处，但也受到世界市场的统治，而这样的统治可能会迫使它停滞不前或是攻城略地。欠发达国家的公司如果过早地参与外国竞争，很可能会被竞争摧毁。这些欠发达国家应该等待外资流入吗？如果外资永远不来会怎样呢？如果由国际投资者对利润的追求和对风险的恐惧而引起无法忍受的不稳定性又怎么办呢？

第二次世界大战后，赶超国家（欧洲和日本）尽管有困难但仍能保持就业现状，但是它们的真正奇迹是能够继续前进并迎头赶上。这一成功是基于一种既对国外竞争开放又保护民族经济的混合体，战争结束后成立的国家和国际货币体系使这种混合体成为可能。国家通过宏观经济政策和产业政策直接控制重要部门，通过为研究和培训进行融资等方式促进发展。没有强加过多的货币纪律，也没有妖魔化的通货膨胀。通过持续调整货币的方式来调节国内和国际投资（第二十一章）。

欧洲迎头赶上的教训很简单。就技术而言，在结构性危机期间尽早尽可能地实施赶超和生产现代化并非好的选择；就政策而言，当任务还没完成时就放弃所用的工具的做法是不成熟的。

本章关于两个经济区之间差异的解释与第四章的解释形成了鲜明的对比。我们认为，在1975—1985年这10年里出现的失业浪潮不能归因于飞跃的技术进步，因为它自危机开始以来大幅地放缓。在达到充分就业水平以前，技术进步率更强。现在要考虑的不是20世纪70年代以来危机过程中结构性失业的形成，而是美国和欧洲之间的区别。对全球现象的解释与各区域之间差异的解释亦有不同。这没有什么令人不安的地方。技术进步的加速不能解释危机中的失业问题，因为技术进步在任何地方都处于放缓状态。但理解为什么失业问题在欧洲比在美国更尖锐是可能的，因为美国比欧洲年复一年地节省了更少的劳动力。

第 六 章
控制劳动力成本和加强管理福利国家

充分就业对资本主义取得的成就而言是不利的，因为充分就业会要求涨工资，更普遍的是雇员不服从他们的雇主的要求。如果劳动力成本增加太多，利润率就会受到影响。如果工人拒绝接受每周的工作时间或是劳动条件，结果也会一样。无论雇员是否亲自经历过或是面临失业和缺乏工作安全的威胁，失业和缺乏工作安全是资本主义的最佳保证者，长期确保没有工作或是在找寻工作的人的存在——马克思称之为"后备军"——是资本主义的基本特征。

20世纪50年代和60年代全球范围已接近充分就业，因此很多国家采取移民措施。再加上日新月异的科技进步，工人们的斗争使得他们的购买力有了相对稳定的改善，他们赢得了社会保障和工作权利的保证。

20世纪70年代后期不断蔓延的巨大的失业浪潮成为一种有力的手段以控制劳动力成本。对于公司的所有者和管理人员而言，提高他们的利润率的最直接的方式是让他们的员工向他们屈服。公司所有者和官员喜欢纯粹的简单的购买力的下降，的确有的国家的某些类型的工人遭遇了购买力的下降，但是工人们抵制购买力下降给他们的生活水平带来的挑战。降低社会税收本可对利润率产生同样的影响，但是采取这种牢牢植根于体制和文化中的社会征服方式并不是那么简单①。

雇主们试图阻止任何进一步的增长，而不是寻求方法来降低购买力和社会收益。直接和间接对劳动力成本的打击导致技术进步条件恶化、利润率下降和结构性危机。证明这点的最简单方法就是对欧洲和美国雇

---

① 在一个如法国这样的国家，雇用一个工人需要支付社会税，这种税可以使工人在这个体系里获得一系列的福利（退休养老金、医疗保健、家庭和失业划拨的款项），这被全球性地称为"社会安全"。

主单位小时的劳动力总平均成本（工资成本）的演化进行描述，其中包括所有的社会税收。

危机中劳动力成本增长的放缓在美国和欧洲很显著，它与失业率的增长相对应（表6.1和图6.1）。如图6.1所示，尽管增长率不同（1960年，欧洲三个国家平均每小时的劳动力成本是美国的50%，2000年为91%）[1]，但欧洲的工资成本仍然低于美国。

由于各种原因，工资成本无法直接衡量工人的购买力。工资包括社会税收但不包括奖金；因为成本是从雇主的角度来看的，而对通货膨胀效应的调整不是根据工人所购买的产品价格指数，而是根据总产出的价格指数，虽然工作时间缩短了，但仍要考虑每小时的成本。总之，购买力增长的减少比表6.1所示的情况更严重。

表6.1 失业与工资 %

	美国		欧洲	
	1965—1974年	1975—1984年	1965—1974年	1975—1984年
失业率	4.6	7.7	1.8	6.1
工资成本增长率	2.4	1.1	5.5	2.7

此外，以工资为生的工人之间的差异显而易见，而这些差异在美国比在其他国家（例如法国）更为显著。在美国有一类生产工人（占工人总数的80%），他们所得的周收入（假如他们工作时间已定）用统计的方法在图6.2中描绘出来了。始于20世纪70年代盛行于80年代的转型令人激动。20世纪90年代生产性工人的均周收入回落到了50年代的水平。尽管在最近几年这一数值有所回升，但在2002年它依然比1972年的历史最高值低12%。这是控制工资成本的一个好例子。

在法国，雇主抱怨最多的是社会税收和他们融资的保险给付。这里我们先仅着眼于法国，因为保险给付系统的差异会使分析变得过于复杂。

---

[1] 在图6.1中，可能会注意到在20世纪90年代的最后几年美国劳动力成本的上升。至于劳动力成本上升的原因，这个发现应该与失业的减少和工作的增加有关。关于劳动力成本上升带来的影响，它与劳动生产率的小幅增加和利润率的下降有关。

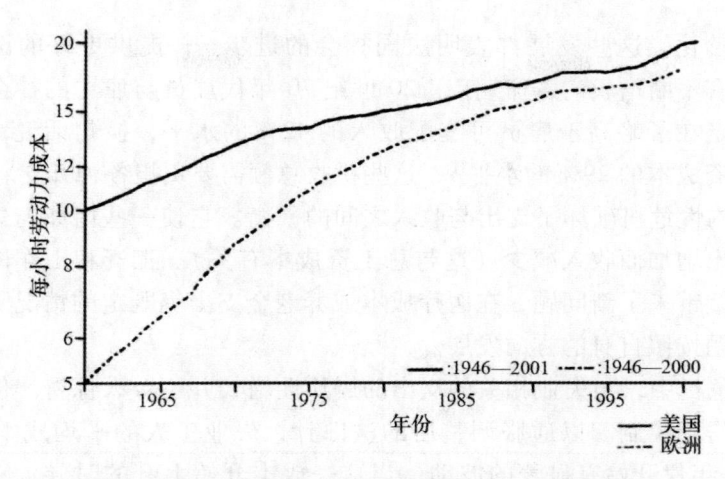

第六章 控制劳动力成本和加强管理福利国家

图 6.1　每小时劳动力成本（以 1990 年为基期美元）：美国和欧洲（德国、法国和英国），全部公司

注：这些数值都根据通货膨胀进行了修正并用常用的购买力单位来表示，这不仅与增长率，而且与绝对数值的比较成为可能。

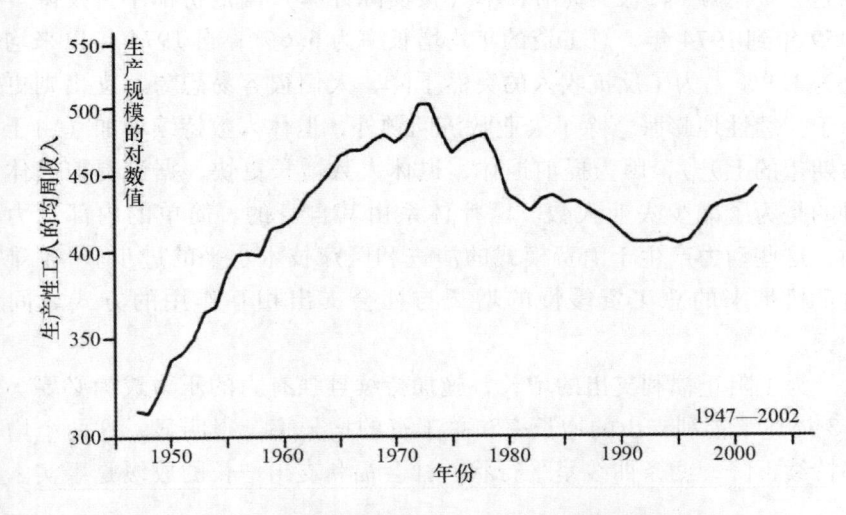

图 6.2　生产性工人的均周收入（以 1996 年为基期美元）：美国

只要经济增长和工资增长延迟到 20 世纪 70 年代中期，保险给付（退休金、卫生保健、家庭和失业安置）可以在不引起任何大问题的情况下有规律地增长。1960 年保险给付相当于法国总产值的 11%。这一比例缓慢增长（1974 年为 15%），它反映出卫生保健支出的增加和人口的老龄化。这些发展都表明法国社会的进步——提供更好的医疗条件，拥有不断增长的寿命期望。20世纪70年代雇员与雇主的社会税收总额稳定在了略高于雇员可支配收入的42%的水平，换句话说，略高于总工资成本的29%的水平[1]，这些税收总额需要负担各种开支。

结构性危机破坏了支出与收入之间的平衡。它使一些诸如与失业有关的支出增加而收入减少（这与总工资成本有关）。工资和工作岗位数量的放缓带来了新问题，在医疗成本或养老金支出等既定的情况下，这些新问题按照自身的方向发展。

在危机中，与失业相关的支出的爆炸性增长并不令人惊奇。但它们也很快得到控制。以通胀调整后的法郎计，失业工人的平均成本从20世纪60年代开始有显著的波动，当这一成本开始上升的时候，它没有持续上升或下降的明显趋势。[2] 阻止支出增加的法规被修订出台。尽管工资以缓慢的速度上升，但失业工人的情况相对来说变差了。

关于其他的，支出与收入的总体变动很容易理解。社会税的主要来源是工资总额[3]。总工资增长率（按实际计算）因危机而不升反降。从1959年到1974年，总工资的年均增长率为6.6%；自1974年以来均值仅为1.9%。为了反抗收入的突然下降，人们很容易想象，支出则更倾向于持续性地膨胀。除了失业救济问题外，退休人数持续增加（由于寿命期望的上升），因为提前退休，退休人数增长更快，据说提前退休的目的是为了减少失业人数。医疗体系由其自身的、简单的内部动力驱动，这些动力产生于消费模式的演进和医疗技术水平的进步。[4] 困难来自危机带来的总工资缓慢的增长与社会支出相互作用的方式之间的冲突。

为了阻止福利支出的增长，施加持续且强有力的压力成为必要。图6.3描述了福利支出的增长率和总工资的增长率。很明显，这两个增长率持续下降，两条曲线呈平行状，社会福利支出增长的放缓是事实。但

---

[1] 一个员工挣了100，花费142。因此，社会税代表其所得的42%，以及其雇主支付的全部（142）的29%。

[2] 在20世纪80年代和20世纪90年代尤其如此。

[3] 有一小部分的福利费不是由社会税提供。在1999年，这一部分占14%。

[4] 战后第一个10年带来的相对的丰裕可能导致一定程度的浪费，这是一个事实，在这里我们就不讨论了。然而，应该将这种假定的浪费与其他消费类型可能带来的浪费进行测算比较（例如，汽车和服装）。

是正如图 6.3 所示，尤其在 1975 年至 1986 年，社会福利支出增长的放缓比总工资增长的放缓慢。很容易想象这个缺口的结果，福利支出在这 10 年比产出和工资增长得都快，所以税收有必要包含福利支出。

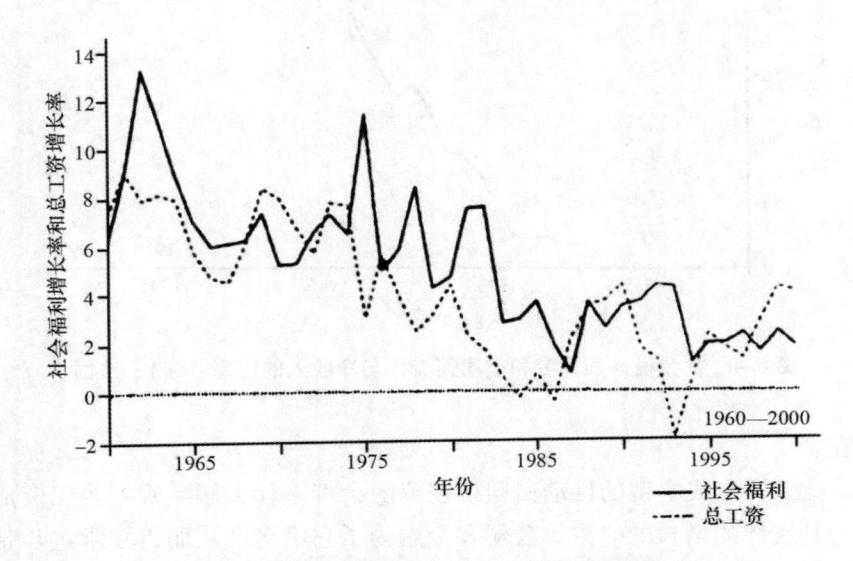

图 6.3　社会福利增长率和总工资增长率百分比：法国

图 6.3 描述的这种差异看上去是微小的，但它在这 10 年的累积效应却是显著的。税收和福利支出的缓慢增长带来一个明显的缺口。1974—1982 年，福利支出与国家产出之比提高了 5.7%，其中 1.7% 安置失业，而 4.0% 则用作其他福利支出。随后几年福利支出与国家产出之比回归先前的比率。1975—1986 年工资总额增长的放缓如此显著，以至尽管控制支出，但社会税占可直接获得的工资的比重从 42% 上升到 68%。这一比例一直平稳持续到 1996 年，此后便显著下降（图 6.4）。

所谓对问题的判断包括危机中社会税的高增长率和支出，它们都与产出和工资有关。不是毫无节制的社会支出导致总工资成本率非持续性增长，特别在法国，因为直接的和间接的工资成本增长相对缓慢；就像有些人努力使我们相信，这不是福利支出造成的，相反，因为福利支出增长得更缓慢；这个显著的放缓比工资的放缓要稍慢——这才是问题

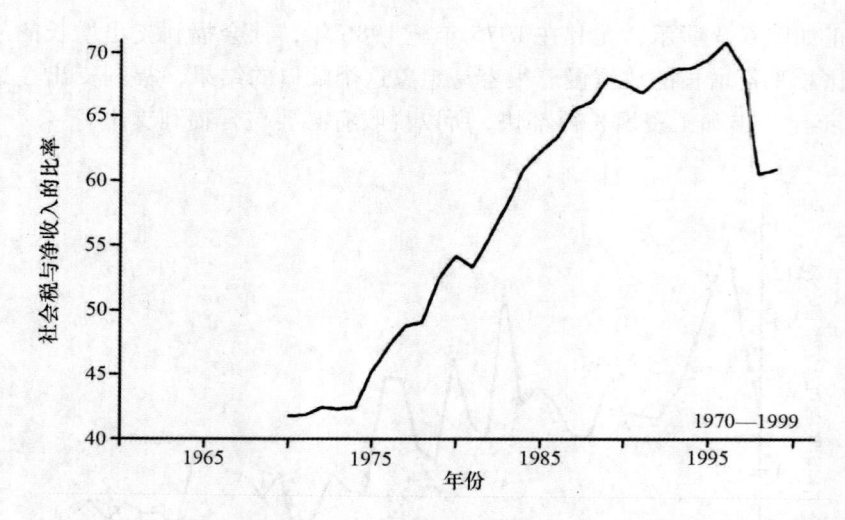

图 6.4　社会税（雇佣者和被雇佣者）与净收入的比率（%）：法国

所在。

　　让工资—成本型的推动回归可控范围会带来什么影响呢？当工资成本极其缓慢的增长的时候，公司和金融为了它们自己从而将技术进步带来的全部实际收益都掠夺走，而这种收益在危机期间增长很慢，之后则强劲回升。利润率的下降受到阻止，盈利能力有了一定程度的回升。尽管劳动生产率停滞不前，但利润分成的增加在欧洲发挥了主导作用，它在美国同样发挥重要的作用（图 4.2 和图 4.3）。

第 七 章
失业:历史的命运?

当事情并非如我们期望的那样,事后声明事情本应会更好是很容易的,但是重写历史却是一件困难的工作。同时,并非所有的行为和惯例都能在回顾中被证明是适当的。断言失业本可以在20世纪20年代及以后避免或是在较早的时候本可以消除不觉得滑稽可笑吗?

本章将提出如下论点:在这几十年里,失业浪潮不可避免。从根本上讲,它不是一个技术问题,而是一个政治问题。失业在如此广的范围和如此长的时间打击经济,是因为所提出的政治目标实际上不是与失业作斗争,政治目标同所宣称的完全相反。没有一个国家能停止这样的活动,因为新自由主义政策通过资本的新自由主义全球化而被应用和推广。这条信息很清楚:(新自由主义政策——译者加)根据其规则行事或在其规则之外行事(be excluded from it)——从现在开始不再有第三条道路。

统计在反对失业具有必然性的观点方面发挥了作用。失业问题发展到了什么程度呢?1975—1995年,欧洲的失业与其每年0.5%职位增长不足相对应。换言之,如果年均职位增长率能比那几年的水平高出0.5,欧洲就不会出现如此严重的失业。① 在引入计算细节前,我们先回顾一下失业浪潮产生的主要方面。

欧洲和美国在结构性危机中都经受了类似的积累的下降。但是就业问题在欧洲和美国并非具有相同的性质。正如第五章所表明的,第二次世界大战以来美国由于较慢的技术进步率,它用一以贯之的方式创造了

---

① 在其他条件不变的情况下,二十多年里每年以0.5%的速度提高工作数量的增长率本应比这一时期末多创造出10%以上的工作数量(20年的增长率近似地可计算为:$0.5\% \times 20 = 10\%$)。

更多的工作岗位。解决欧洲积累的下降是一项更重要的事情，因为在欧洲资本对劳动的替代较快。

栏目 7.1　衡量失业

　　对失业进行定义和衡量仍然是个令人头疼的事，简单的失业指标无法描述一个国家就业状况的特征[a]。现有一组给定的七个指标可用来做比较。它们从估计长期失业（超过十三个星期）到进行更广泛的衡量，记录下了沮丧的工人和非全工时的人。图 7.1 采用了使用最广泛的指标：没有工作的人、准备工作的人和正在寻找工作的人（在调查前的四周期间）与有工作能力的人数（就业的或未就业的）之比。各类指标以类似的方式不断完善，而官方图表大体上反映了随时间变化不断完善的状况。

　　然而，这些指标仅反映了就业形势中有限的一部分[b]。例如，1996 年法国的失业影响了 300 万人，根据国际劳动力组织（ILO）的定义，还有 35 万正在参与训练项目的工人也受到了影响。如果计入那些希望工作更长时间但只能做非全工时的人，受影响人数将达到 500 万。如果加上无法或者不愿找工作的 50 万人，受影响人数总共是 550 万。如果再加上提早退休的人数（无论强迫的或自愿的），总共有 670 万人受到影响。

　　法国的就业形势还可以通过其他的与前述类别相关的指标来描述。法国的适龄劳动力的有效雇佣百分比从 1975 年开始由约 65% 下降到了 60%；在同一时间段内，55 岁到 65 岁的男子中不工作的比例则由 30% 上升到 60%，而临时工占据的岗位百分比则由 3% 升到 14%，等等。

　　这种复杂状况是如何演变成一个借口很容易让人理解。近些年英国官方公布的失业率的下降令专家不解。通过数据汇编方式的持续改变，只有那些获取救济金的失业人群被计入（救济金在 6 个月内就会告罄，而非 12 个月）；1992 年到 1996 年，英国新增的职位中有超过 40% 的工作是非全时工（在法国则是 15%）。

a. 法国就业、收入与社会团结委员会：《失业人口统计》，委员会文档第 1 期，1997 年。

　　b. 法国计划部：《法国失业情况报告》，巴黎法国文献出版社 1997 年版。

　　c. "当玛格丽特·撒切尔在 1979 年获得第一次大选的时候，英国官方统计的失业人数是 130 万人。如果计算方法不变，现在是 300 万人。一家近期出版的美联银行报告甚至估计有 400 万人，或者是劳动能力的人口数的 14%，这远远高于法国或德国。"（S. 米尔恩，"伦敦是如何操纵统计的"，世界外交，1997 年 5 月）

　　图 7.1 采用最常用的指标（栏目 7.1），用曲线重现了欧洲（仍局限于三个国家）失业增长的主要特征。通过所给的数据，也就是说，完全采用一种描述性的方式，可以看出，截至 20 世纪 70 年代中期失业率都在 1% 到 2% 之间波动。1975 年失业率开始迅速上升，1985 年达到 9.9% 的最高点。1985 年到 1990 年失业率开始显著下降，但持续时间不长，并于 1994 年又一次达到了 1985 年的水平。这股浪潮的出现也许可以追溯到 1975 年到 1985 年这黑暗的 10 年。自此以后，失业率便在 8%—9% 之间波动。一轮失业高潮的形成需要 10 年，而它会持续 15 年或更久。2001 年的下降不太大。

　　图 7.1 与图 7.2 的虚线描述了"结构性"失业变化的大致趋势。在趋势周围的振荡则表现了所谓的"循环性"的运动，这种变化随经济活动的变化而变化（产值在经济过热与经济衰退时的增长和下降导致失业率的下降和上升）。

　　尽管在危机开始欧洲和美国的结构性失业在增长，但可以观察到它们的表现却大相径庭。在美国，结构性失业的浪潮较低（图 7.2）。失业率仅在 1982 年经济衰退最严重时短暂地突破了 9.5%，这还是在 5% 的较高的初始值的基础上。

　　美欧失业状况的不同是由于它们之间有根本性的区别，它们的本质在趋势（结构性失业）和波动（循环性失业）方面不同。欧洲结构性失业的波动远高于美国的事实可以用两个地区完全不同的岗位数的增长率来解释：欧洲的岗位数增长停滞或减少的时候，美国的岗位数还在持续上升。这些特点与欧洲较快的技术进步有关。灵活性在这里没有发挥作用。相反，失业的循环部分在美国更加显著，因为就业对经济活动的

第二部分 危机与失业

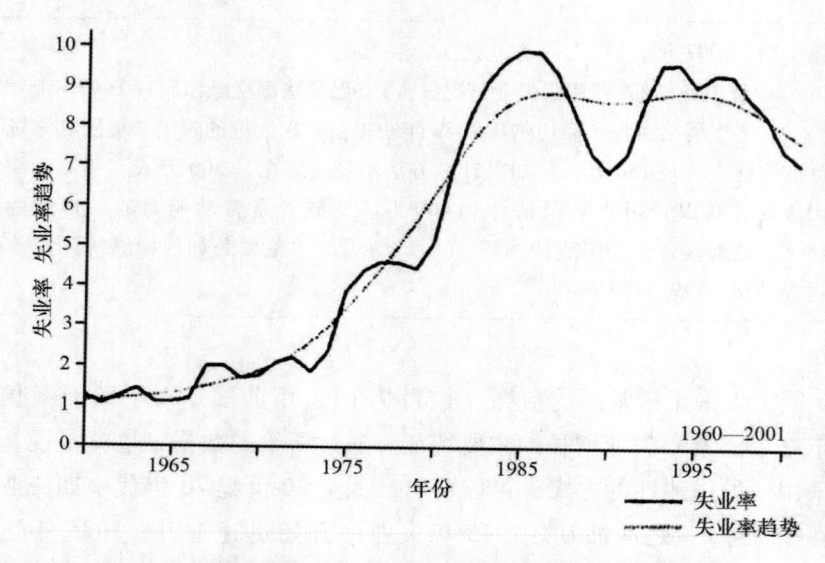

图 7.1 失业率及其趋势（%）：欧洲（德国、法国和英国）

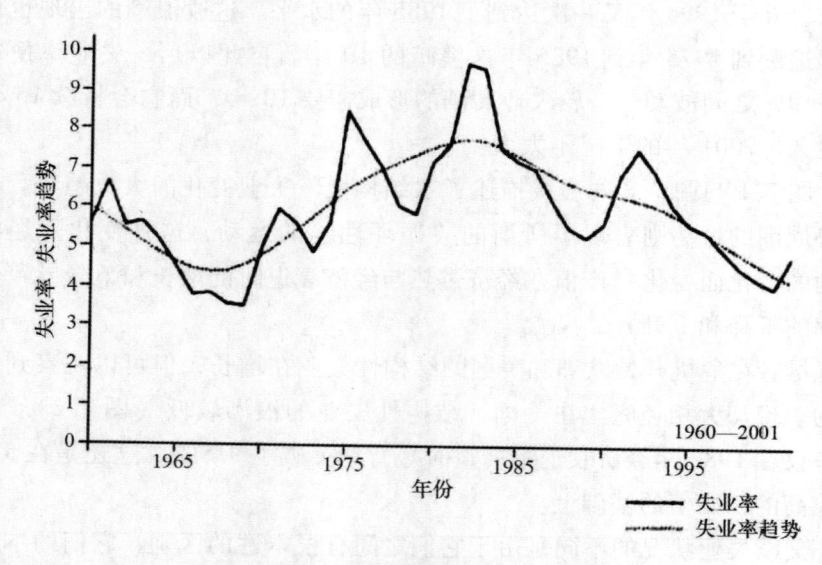

图 7.2 失业率及其趋势（%）：美国

波动有较积极的反馈。也就是说，美国雇主比起欧洲雇主在经济繁荣期和衰退期相应地雇用和解雇更多的人。这就是真正的灵活性。

我们现在看看欧洲失业的结构性因素。评估避免失业的不同策略的可信度完全依赖于本章开头所提到的 0.5% 的岗位数的增长——为了避免失业，需要就业每年有额外的 0.5% 的年增长。这算多吗？过去达不到吗？为了回答这些问题，将这个数字同经济增长的数据和技术进步的比率相比较是必需的。

首先，失业可归因于增长不足。对于三个欧洲国家，危机前的 1960 至 1970 年间经济年增长率是 4.3%。自 1975 年起，该增长率已减少至 2.3%（图 7.3）。为了确保工作岗位数，这个比率本应仅能降至 2.3% 加上 0.5%，即 2.8%。我们并不是说，为了保持就业水平，欧洲经济的增长率在危机期间只能增长而不能下降。问题在于下降的幅度——增长率本只能下降 1.5%，而不是从每年的 4.3% 下降到 2.3%，即下降 2%。这不是人们企盼的奇迹，而只是略有改善，或者说少点不利之处。

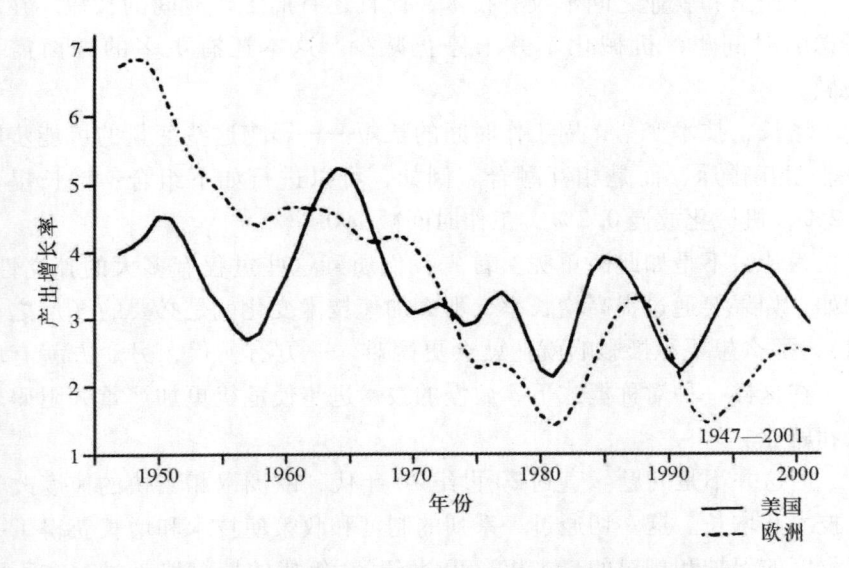

图 7.3 产出增长率（%）：美国和欧洲（德国、法国和英国）

注：该图所描述的增长状况与图 3.2 相近，图 3.2 描述的是固定资本净存量增长率，而不是产出率。为了减少短期波动的影响，一些统计稍做了处理。

其次，20 世纪 80 年代和 90 年代这两个时期经济的显著好转强有力地证实了工作对增长率反应敏感度。始于 20 世纪 80 年代末期的经济增长复苏（与 20 世纪 60 年代相比，它显得平常）为之提供了例证。20

世纪80年代相对较高的增长率记录在案——这种改善不久就影响到了就业。只需看看图7.1就可以了。在这些年里，欧洲失业的下降是短暂的，这与经济的好转是一致的。20世纪90年代后半期恢复性的增长有类似的效果。

这种推理假定技术变革的速度不变，因此并未对欧洲赶超的速度表示质疑。为了评价它的效果，我们需要回到第五章中的讨论部分。衡量机械化程度的资本—劳动比率，1960—1974年在欧洲以年均6%的速度迅速增长（图5.1）。在危机期间，机械化速度显著放慢——早先的6%在1974年后被2.7%取代。在所有其他条件都相同时，为了保护就业，机械化率本应放缓些——是2.2%，而不是2.7%，但仍比美国高一些（美国自1974年机械化率为1.0%）。这本应推迟欧洲的赶超，但也仅仅推后了几年的时间而已。

在产出和就业之间不仅有技术，而且还有周工作时间的长短。在所考虑的时间里，机械化率并未停止减少。这本还有更多的方面需要去做。

增长，技术变革，周工作时间的长短——影响这些变量的可能步骤并非相互排斥，而是相互融合。例如，可以进行如下组合：增长提高0.2%，机械化放慢0.2%，工作时间减少0.1%。

为什么不是如此简单呢？首先我们质疑这些过程有多大的独立性。例如，如果要通过提高增长率，那么加速技术变化就是必要的（反之亦然），那么想要积极影响就业就会更困难。一方有所得，另一方就有所失。在这样一种对称模式下，放慢的技术进步使危机更加严重并阻碍增长和就业。

但这并不是问题。直到20世纪70年代，欧洲以相当快的速度改善了技术和增长。这一切通过一系列的制度和政策使技术和增长获得了一定程度的保护和相对的自主权。20世纪80年代的持续追赶过程在不同的条件下完成了。在新自由主义世界，适应强有力的外部约束（由不太有利的汇率引起）和严厉政策很有必要，这为对抗通胀提供了优先权。该系统曾一度因其具有令人瞩目的名称"竞争性通货紧缩"而为人所知。

通货紧缩是确定无疑的，但为什么是竞争性的呢？从政策中可看出，竞争性有加速赶上的企图。一般认为，限制性政策会给欧洲经济带来压力，使它倾向于淘汰低效企业而明确现代化是唯一的出路。假定他们采用的方法不变，这些政策给工作带来两个负面结果——增长的放慢和持续不变的技术进步（尽管它比以前慢）。因此，危机期间的政策选择增加了失业。欧洲并非增长和技术进步之间选择的受害者，从就业的角度来看，至少在某个领域输掉是必然的。增长和技术进步的共同发展会导致一个相同的结果——工作在两个层面上都会失去。

许多其他因素增加了减少失业的难度。将那些仍想要工作但长期失业的人们重新归入劳动力群体中是非常困难的。假定技术变革不变，万一积累又开始时，失业人群是否具有积累所要求的资格令人怀疑。当企业要雇用特别类型的人员时，遇到类似困难时就会进行这种解释。在（经济——译者加）有所好转的时候，选择性的雇用证实了这点：最合格的工人是就业环境改善后的首批受益者。那些在资格上失败的其他工人——或者不能提供与公司的规定相一致的工资——注定成为永久失业者或被排除在劳动者群体之外吗？像法国那样有持续失业的国家，至少在该国已达到的水平下，不能用这种方式来解释。持续的失业往往会造成永久的失业。

无论人们对近十年的判断多么严重，法国未来的就业依赖于增长的远景。欧洲是否已经从结构性危机中摆脱出来了呢？假定缺乏减少失业的政治动机，那么在该问题上的一切都悬而未定。

第 八 章
危机的结束？

资本主义是否随着20世纪70年代结构性危机的发生而终结？在过去的几年里，尽管有衰退的可能，但除日本以外的中心国家进入增长阶段了吗？至少到2000年衰退为止，美国被认为提供了一幅美妙的图景，正如我们有时读到的那样，美国被认为是驱动力。空前的成就？一种新的经济体？技术进步、工资以及失业状况怎么样？前七章早已揭示了20世纪90年代期间重现的活力的某些方面。我们现在应该努力将这些散见的因素汇集起来并完善它们。

关于产出增长和资本总量能说些什么呢？在这些方面，我们已对三个欧洲国家和美国之间进行了比较。对于欧洲而言，"辉煌30年"的表达很好地解释了其在第二次世界大战后的前10年至20世纪70年代中期的增长（图7.3）。甚至20世纪80年代末经济活动的好转与20世纪50年代到60年代相比都显得逊色。第一次世界大战后的数十年里，同样的图景清晰地表明美国比欧洲的增长更温和。自20世纪80年代起，特别是20世纪90年代期间，美国比欧洲有着更高的增长。因此，与欧洲相比，美国有机会再一次达到了危机前的增长率。

图8.1和图8.2依据季度数据将法国和美国做了更细致的比较。通过每个季度与前一年同期产出的比较（以年率计），描述了20世纪70年代中期到2002年产出的增长率。

法国和美国的经济都在持续波动。但是，令我们感兴趣的是它们波动所围绕着的一般水平。自1976年，法国以每年2.2%的平均水平增长；无论与1975年前比（1952年至1974年是5.1%）还是与同一时期的以3%的平均水平增长的美国相比，法国都是低的。

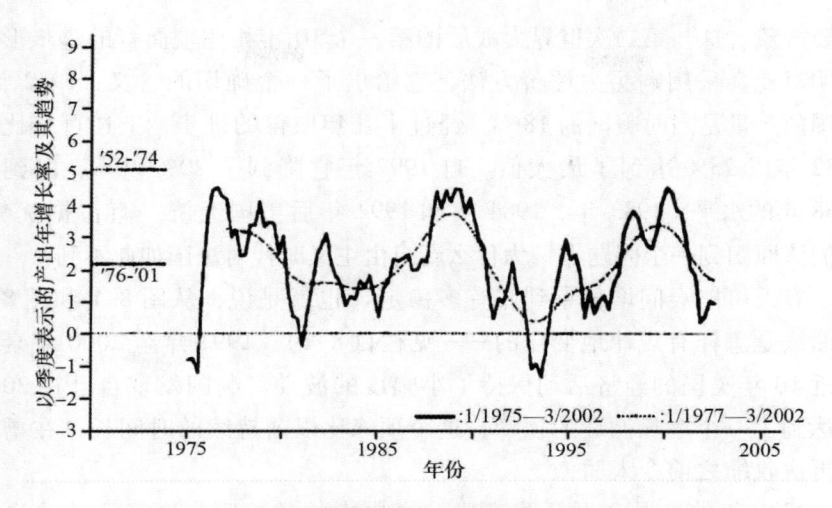

图 8.1　产出的季度增长率及其趋势（%）：法国

注：变量为每个季度的产出率与前一年同期的比较。虚线表示剔除短期波动的趋势，本图和图 8.2 的水平线表示 1952—1974 年和 1976—2001 年的均值。

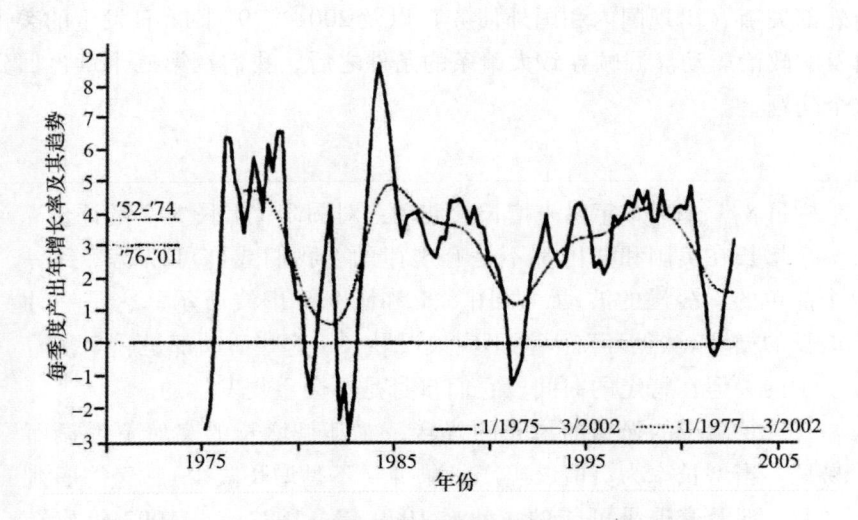

图 8.2　产出的季度增长率及其趋势（%）：美国

是奇迹还是美国人的幻想？根据图 8.2 可以看出，从 20 世纪 90 年代末到 2000 年衰退之前，美国已经追赶上了结构性危机前其在 1952—1974 年的平均增长率。

从 20 世纪 70 年代中期开始，与美国相比，法国经济增长乏力是一个重要现象。这与第二次世界大战后的第一个10年相比较而言的进步形成鲜明对比。采用购买力评价方法，它给出了一个确切的含义：1952年，法国的产量是当时美国的18%。经过十几年取得的进步，上述百分比在1982年以25%达到了最大值。自1997年它降到了20%以下，回到了1958年的水平。1983年、1984年和1992年后美国经济一直占据优势。我们该回归到一个问题上：为什么新自由主义时代对法国如此不利？

有人可能会问增长率到底有多稳定（也就是说，从图8.1和图8.2看曲线是怎样有规律地变化的——见栏目8.1）。1991年至2000年衰退的近10年美国的经济活动保持了小幅度的波动。美国发现自己在2000年达到了一个增长循环的顶峰，这个顶峰比以前持续的时间长，在增长率再次收缩之前令人骄傲。

2000年的衰退会不会演变成一个更大的危机呢？经济活动的崩溃经常出现，就像磨的转动一样。然而，这次的崩溃伴随着具有威胁性的股价的大跌、外围国家的深度的不稳定（尤其是阿根廷）、不断增长的内外部失衡（出现国内和国外债务）以及2001年9月11日发生的袭击引发的政治震动。回顾导致大萧条的条件之后，我们在第二十章再回到这个问题上。

栏目8.1　1975年以来增长的波动：对图8.1和图8.2的评价

增长在美国和法国都不是有规律的。我们或许可以观察到一个简单的、缓慢的波动，如图8.1和图8.2虚线所示，它是一种增长的循环。"循环"一词不应被误导——这些活动都是一个接着一个的，但在特定的时间段它们自身是不会重复发生的。

反复出现的强劲的增长的好转，尤其是增长的突然下滑显而易见。当增长率为负值、当产出减少（不是增长减少），经济崩溃之后，谈及衰退是可能的，就像1979年、1982年、1992年或者1993年的情况。

波动的两种形式对美国和法国来说都常见且同时发生，只是伴随着时滞和例外。这种极慢的活动的同时发生，表明经济在一定时期陷入单一的崩溃。第一阶段保持增长，接着就是1975年到1980年左右的衰退。利润率下降，为了改善经济活动，采用凯恩

> 斯主义的政策，通货膨胀变得严重。美国1979年的衰退持续至1982年的衰退，即战后最严重的衰退，这种状况在法国由于左派掌权而幸免。政策很快发生了改变。第二阶段表现为经济较强劲的增长，美国1983年经济好转。这种经济活动水平具有20世纪80年代后半期的特征。然而，周期性的波动促使美法经济掉头向下直至20世纪90年代早期的衰退（1993年在法国，1991年在美国）。导致20世纪末衰退的增长率下降之前，出现了一轮增长的新阶段。

人们有资格对本章一开始提出的关于增长恢复的问题进行回答。美国比法国更具活力，它在20世纪90年代的增长率又一次达到危机前的平均水平。欧洲三个国家的经济体1976年以前运行的特别好，尤其是法国，但它也远远比不上美国。新一轮衰退伊始表明保持宏观经济稳定的条件并没有发生根本性的改变。

除了产出的增长外，我们还考察资本总量的增长（图3.2的积累率）。资本净总量的增长率无论是从地理区域，还是从时间上看，均维持在一个相对较低的状态，20世纪60年代与70年代相比较，欧洲和美国几乎没有什么积累[①]。

至于工作和失业，我们发现美国和欧洲的情况不同。初看起来，欧洲失业风潮的永久性特点与危机终结的观点相违背。20世纪90年代末失业十分有限的减少实际上对增长和积累的恢复产生了影响，这轮增长和积累的恢复与最近的宏观经济的波动相对应（图8.1和栏目8.1）。

在我们对利润率进行分析的时候，将利润率作为中心角色使得我们支持一个不同的看法。这个看法着重研究自20世纪80年代中期以来利润率增长的趋势（增长、技术革新和工资调整背后的决定因素）。资本

[①] 尽管目前限制资本增加，资本储备的缓慢增长似乎和所观察到的美国投资恢复的情况相矛盾，以上情况有时也会被提及。这里指的投资是总投资，即没有考虑资本折旧。只要考虑除房屋以外的净私人投资份额，我们把这种恢复仅仅看作20世纪80年代直到1993年投资下降之后的一种赶超。人们不清楚20世纪90年代末期达到的水平。对总投资和净投资的区分是非常重要的。总投资是总需求的一个组成部分（仅次于消费）。当研究经济循环时，需求创造是一个需解释说明的因素，这一点是充分的。作为目前讨论的案例，为了应对生产潜力的变化，有必要考虑净投资，总投资中减去资本折旧即为净投资。

盈利能力好转的趋势可看到（图3.1）。1997年美国的利润率又一次达到了其20世纪70年代早期的水平。在欧洲，利润率甚至达到了其20世纪60年代的水平。尽管美国目前经历着（利润率的——译者加）下降，但把活力看成决定一个新阶段开始的标准可能吗？

解释利润率上升的困难在于这样一个事实，即两种不互相排斥的重新确定资本利润率的方式——一种方式被贴上了衰退的标签，另一种被贴上了进步的标签。这一差别在评价现今资本主义趋势很关键。从资本主义的直接利益看，两种方式是一样的。但它们具有不同的历史重要性。衰退方式意味着用缓慢的技术进步延缓工资的增长；进步方式意味着不断促进技术进步（技术进步使工资增长——它依旧取决于工人斗争的程度——可能容易很多）。我们一定要再次紧跟现有的各种观察的步伐，在脑海中始终有一个问题：利润率是如何恢复的？

在过去的20年里利润率的上升来源于两方面：资本生产率的增长和工资增长的缓慢下降。20世纪80年代中期以来利润率的上升包含两个方面：一是尽管劳动生产率停滞，但资本效率稳步提高；二是工资控制的倒退。显然，资本效率表现良好对未来是有益的。

评价近来趋势的困难在于必须处理不同变量之间的关系。持续性的低积累率引人注目，但如果能足够地提高资本生产率，以资本总量的缓慢增长为基础，产出会更多。另一个难点就是不得不处理某种趋势中的矛盾。如果资本—劳动比率在美国缓慢增长，是因为机械化的较慢的进步还是因为技术变化方式的改变呢（技术的出现节省了资本或者说导致资本价格下降）？

总之，关于危机终结的可能性，这一章描述的资产负债表是不平衡的。积极的因素在于技术和资本盈利能力的趋势，其中有些方面很有前途并且被自身所证明。我们现在已超越了马克思式的轨迹特征，它的本质特征是生产所需的固定资本数量的增长（与劳动力尤其与产出数量有关）；20世纪80年代中期以来的这些年份的特征是不同的。美国已经重回经济危机前的增长率，但是这还远远赶不上欧洲国家。无论大西洋的任何一边是什么样的，我们始终都要牢记增长是个周期性的现象，有升有降，从20世纪90年代末到2000年的衰退期间，有强劲的经济活动阶段。

尽管如此，这一章仍认识到这一部分（第三章）一开始提出的矛盾——利润率的强劲复苏本应该会导致一个更加显著的资本积累、增长和就业的恢复。这一矛盾使近期趋势的重要性变得模糊不定。如果能够把欧洲国家资本盈利能力的增加和资本积累率的增长的恢复联系起来，那么经济危机终结（与摆脱马克思式的轨迹相联系）的假设才会有说服力。支持的一方——资本盈利能力的增长（更确切地说，它的进步的成分、资本生产率的增长）；反对的一方——尽管欧洲利润率有强劲的增长，但经济增长依旧缓慢（包括持续的失业）。

为什么欧洲利润率的恢复和增长的开始不是同时发生的呢？这个谜团的答案可以在货币和金融机制中找到我们将专注于此问题。有调查显示，考虑到资本积累，欧美经济持续业绩不佳是受新自由主义特殊动力机制的影响。因此，我们可以断言，结构性危机已经结束了，较低的资本积累率应归咎于新自由主义。

第三部分

金融法规

第三部分涉及金融法规。尽管前两部分不涉及金融机制，但它们还是描述了新自由主义政策的某些方面。

就像第二章说的那样，对危机较早的分析未直接涉及金融。危机是资本主义生产方式内在趋势的产物：缺乏维持持久的技术进步率的能力导致利润率下降，这使得资本积累的下降并引发大规模的失业潮。失业潮在美国的影响范围没有欧洲大，不是因为（失业——译者加）具有伸缩性，而是因为欧洲相对较快的技术变化。利用凯恩斯主义政策的失败和失控的通货膨胀，金融抵挡住了工人的斗争并推行其法规。

控制工资甚至先于新自由主义的回归。在危机刚开始时，人们吃惊于自己对局势的反应速度。实现社会支出增长的下降有点难，从而导致支出的相对增长。失业的产生仅仅是新自由主义计划的冰山一角。像我们将要看到的，从多方面看，统治阶级关心的其他方面，也是赤裸裸的。

这些紧张局势是过去产生的吗？我们现在超越结构性危机了吗？第二部分最后一章使陈述这个问题成为可能。一方面，"危机终结"一词含糊不清——仅仅关注欧美的增长；另一方面，"危机终结"讨论劳动或资本盈利能力是如何增长的，工资或利润率是如何提高的。尽管欧洲的利润率已经达到了经济危机之前的水平，但为什么欧洲的经济还是那么乏力？正如我们所知，这再一次证明，金融霸权的中心在美国，它深深地给经济进程打上了它的印记。做统治者总比做被统治者好，欧洲特别是法国就是一个例子，但它还不是最生动的一个。

在新自由主义下，金融统治地位的恢复是一项政治性的事件，它是阶级斗争意愿的直接表达。在第五部分将讨论其发展进程和历史条件，届时将用历史教训解释它们。一旦从历史视角观察事物，有两个主要问题要提出。第一，当回想起20世纪30年代的大萧条及其对资本主义中心世界的影响的时候，我们想知道危机扩散范围的可能性边界（第二十章）。大萧条发生在金融居统治地位的时期；金融权力的回归会产生类似的结果吗？第二，比较20世纪头10年和我们常常所称的"辉煌30年"（第二次世界大战后到20世纪70年代），在20世纪80年代中期当新的技术阶段已很明显的时候，我们将提出有关金融角色的问题（第二十一章）。

为什么要冒险置身于迂回曲折的金融关系之中，这是第三部分的目标吗？因为一些简单的统计样本——利润率、总收入、融资——下一步用来描述金融危机和美国霸权主义，同时也告诉我们很多关于新自由主义的信息。从现在开始，我们将看到这些数据的强度。

接下来我们应该放弃同时对三大主要欧洲国家（德、法、英）的研究，转而专注于对法国的研究。这种选择可以缩小分析范围，但这种分析使我们聚焦于金融机制的复杂性、货币和金融制度的多样性以及我们没有充分获取相关数据的权利。因此，我们的分析将局限于公司——我们将区分金融公司和非金融公司。

第 九 章
利率冲击与股息的重要性

从金融角度来看，在金融霸权复苏过程中最令人惊叹的影响因素是1979年末的货币政策改革，即1979年政变。在这里我们看到的不是一个神秘的市场之手，而事实上却是一个中央集权的决定，一个深思熟虑的政策。过去，当发生通货膨胀的时候，无论这种价格有利于哪一方面，优先考虑的是消除通胀，之后才考虑消除通胀给其他方面带来的机会。可想到的不同手段有价格调控或信用的定量配额等，这些手段早就在其他情况下使用过。所选择的方法是提高利率——它们会上升到必要的程度，任何衰退或失业都不会改变事态。而且，这项政策的特质受到称赞。高利率会鼓励储蓄，吸引每个人去存钱——这个预言没被证实。这样的利率就像在一个严酷的除草过程的初期，为了那些更有活力的草能生存，最弱小的草被除掉。毫无疑问，这是对的，但失业仍在欧洲发生着。这种宣传隐藏着一个简单而又有决定性的事实：通胀在侵蚀金融收入和资产。停止这种损失是非常有必要的。

图9.1描述了法国和美国长期利率的变化过程，该利率是剔除通胀后的实际利率。在图中人们可以看到，20世纪60年代利率处于相对较低水平，70年代利率下降，80年代初利率上升以及之后稳定保持在4%—5%的较高水平。80年代初真实利率的突然上升同时反映出名义利率的变动和通胀的下降。名义利率的变动与政策变化有关，通胀的下降是真实利率上升的结果。从全球角度来看，美国和法国的利率曲线大致相同。

长期信贷利率如图9.1所示，但短期信贷利率也经历了类似的演进过程。一个显著的区别是，美国短期信贷利率在20世纪90年代前期出现了快速、强劲、短暂的下降，而在法国却达到了异常高的水平。

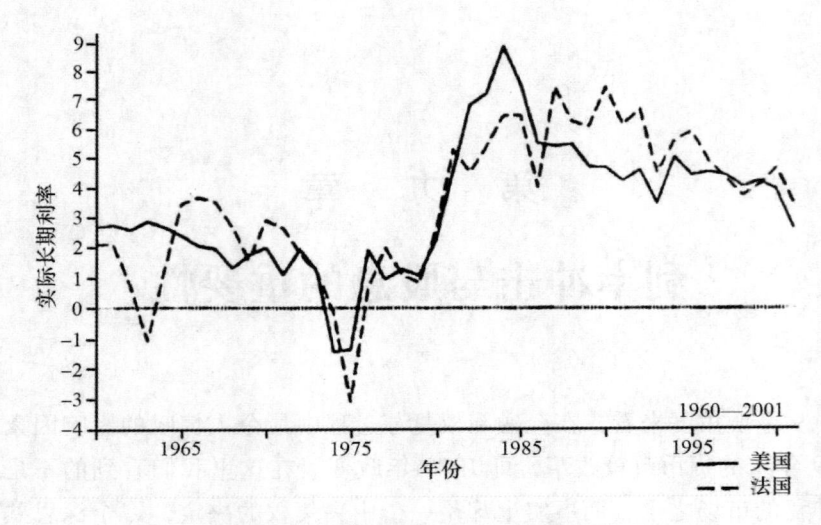

图 9.1 实际长期利率（%）：美国和法国

正如我们所说的，高的实际利率政策没有创造危机——但它确实加深和扩大了危机的影响。很多时候投资问题被归结为利率问题。在利润上升以前，积累率经历了下降，这与利润率的下降有关，经受了高利率的考验。事实上，利率的上升加剧了经济状况的恶化，因为它延续了支付利息后的低利润率水平——这个利润率直接影响公司的运营。在危机发生最恶劣的关头，可对公司利润征收特别税。与此同时，工资对盈利能力的压力有所缓解，持续的高利率政策将危机的恶劣影响延续到了20世纪90年代。

因此，问题是从20世纪80年代初到90年代末，利率上升对公司影响的范围有多大？

非金融公司此时既是债务人又是债权人。例如，它们可以向银行借款，同时授信给客户，或者持有国库券，即给国家贷款。这样，它们一方面支付利息，另一方面又获取利息。它们也拥有无息的债务和流动性[1]。从债务和利息的角度来看，考虑净值是有用的——净债务（债务

---

[1] 为什么代理商不喜欢用他的货币或金融资产支付他的部分债务呢？针对这个问题有几种解释。在特定事例中，金融资产与商业必需品要相符（为当事人赢得荣誉）；在其他事例中，投资所得往往大于债务成本，而且公司还会从中获益（在这个事例中它起到金融媒介的作用）；持有的流动资产要与当前交易的需要相符。

第九章　利率冲击与股息的重要性

减去货币和金融资产）和净利息（支付的利息减去得到的利息）。从全球角度来看，非金融公司更多是债务人而非债权人，它们支付的利息比得到的多。因此，它们的净债务和净利息都为正值。

通胀使债务负担的评估变得复杂，因为它使得以货币为单位的债务和资产贬值。这种影响在所有以名义价格计入的负债、货币和金融资产中都有所体现，特别是那些在市场中没有被再评估的负债、货币和金融资产（比如股票投资组合）。同时，它很可能会适应一般价格水平的变动。

法国和美国实际利率的上升对公司盈利能力的影响分别如图 9.2 和图 9.3 所示。① 这些图比较了非金融公司盈利能力的两种评估方法（全部税收一次性支付）。在第一种方法中，公司所支付的利息仍被计入利润之中，因此这种评估没有考虑债务负担。第二种方法则从利润中减去所支付的利息（获得的利息一次性被扣除），增加由通胀引起的净债务贬值带来的收益（金融资产的损失已被扣除）。

美国和法国的图有相当大的区别，但利率支付的重要性却是无可争辩的。只要实际利率非常低甚至接近零的水平，债务对公司盈利能力的影响实际上会被忽略。公司支付了利息，但是这项支出可由通胀引起的债务贬值得到补偿。这种状况一直持续到 20 世纪 80 年代初，正如两幅图中相似的曲线所表明的那样。在那之后，利润泵再次发挥作用，它常常使公司利润流向它们的债权人。实际利率的上升对公司盈利能力施加了很大压力。

这个被着重强调的债务压力对法国和美国来说很普遍，但是在法国涉及的范围更广。这种解释很简单：在 1979 年政变期间法国公司比美国公司债务程度更深。

---

① 第三章（图 3.1）用到的利润率被用来研究技术和工资产生的影响。从广泛的意义上讲，这些估价把利润（产出减去劳动力成本）和固定资本（建筑设备等）联系在一起。现在我们使盈利能力接近其他公司。由此发生了两方面的变化。第一，资本不再以固定资本来衡量，而是用净值来衡量，即公司资产（固定资产、存货、货币和金融资产）减去公司债务，即那些没有被借入的资产。第二，我们从利润中扣除税收和利息，加上净债务的贬值额（债务、货币和金融股份的差异，在附录 B 中呈现了如何对待股票持有和股息所得）。

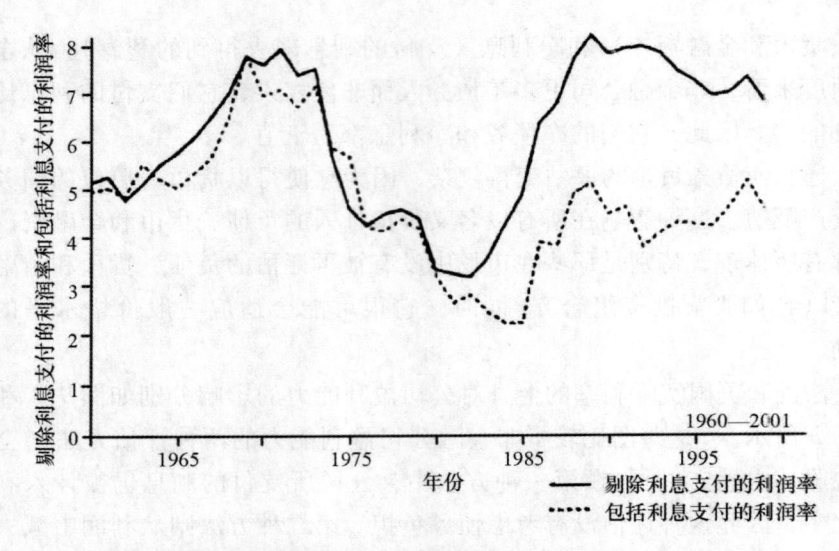

图 9.2　剔除和包括利息支付的利润率（%）：法国，非金融公司

注：第一种方法（不包括利息支付），净利息（支付的利息减去获得的利息）没有从利润中扣除。第二种方法是同样的，区别在于：净利息已从利润中剔除，由通胀引发的净债务的贬值（负债减去货币和金融资产）则被计入。资产净值除以利润（定义见附录B）。

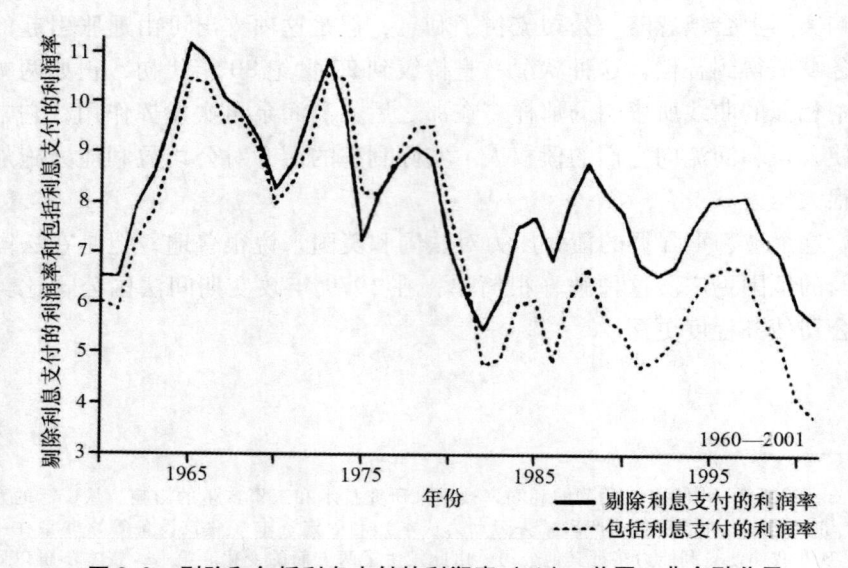

图 9.3　剔除和包括利息支付的利润率（%）：美国，非金融公司

图 9.4 中描绘了法国较美国更高的债务水平。这里所用到的变量是

第九章 利率冲击与股息的重要性

非金融公司净债务（债务减去货币和金融资产）除实际资产（固定资本和存货），这样可以调整量纲从而与公司规模相适应。两国演进的水平和它们相似性之外的不同是显著的。我们看到，20世纪60年代债务强劲增长后，两国公司的债务水平在70年代有所下降，之所以这样是由于负的实际利率。10年间两国债务率降低了其最大值的四分之一。在积累短暂上升的时期，法国国内的债务在1988年到1992年出现强劲而短暂的增长。20世纪90年代，两国债务水平的下降十分明显（在美国已达到净债务为负值的点）。最后，从20世纪80年代开始，法国非金融公司的债务明显比美国非金融公司的高，这就解释了实际利率上升带来的更多的负面影响。

我们偶尔注意到20世纪90年代美国公司的资产负债表，正如图9.4所示，它试图将收购其他公司的超过所要求的净资产的公允价值的购买价格归入公司的金融资产中。这部分超出额被看作"商誉"。在公司净债务下降期间，如图所示，十分明显，股票市场的火热导致公司所得被严重高估。然而，资料却没有考虑这些数额的密切关系。

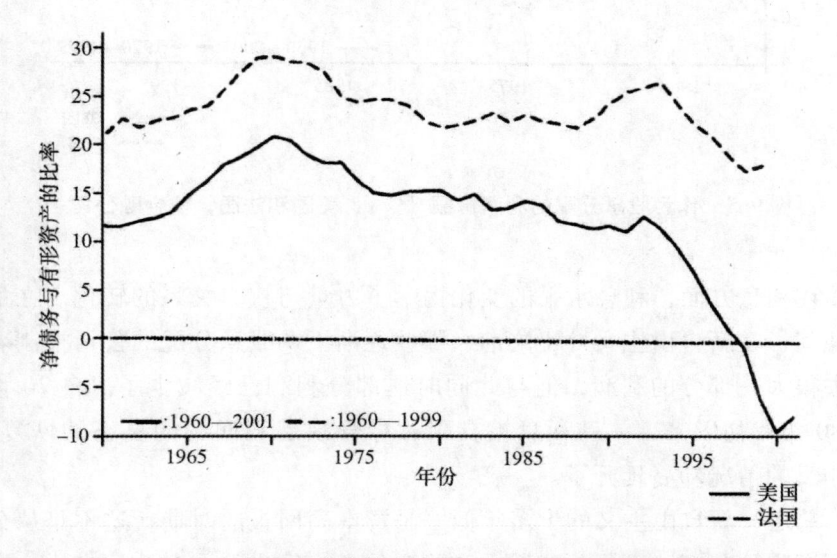

图9.4　净债务与有形资产的比率（%）：美国和法国，非金融公司

注：净债务由总债务与货币和金融资产之差构成。有形资产是固定资产和存货的总和。

与利息的情况相似，股息分配的演变揭示了利润从非金融公司的转出。图9.5给出了非金融公司作为股息发放给股东的利润份额。美国的趋势图证实了20世纪60年代到70年代，美国金融资产持有者不光彩的形象。所分配的利润比重从50%多降到30%左右。但在20世纪80年代初有了一个新的转机，分配率在2001年达到了94%。在法国，股息分配在结构性危机之前一直处在低水平（约占利润的25%）。至于新自由主义过程，图9.5表明，法国正深陷其中。

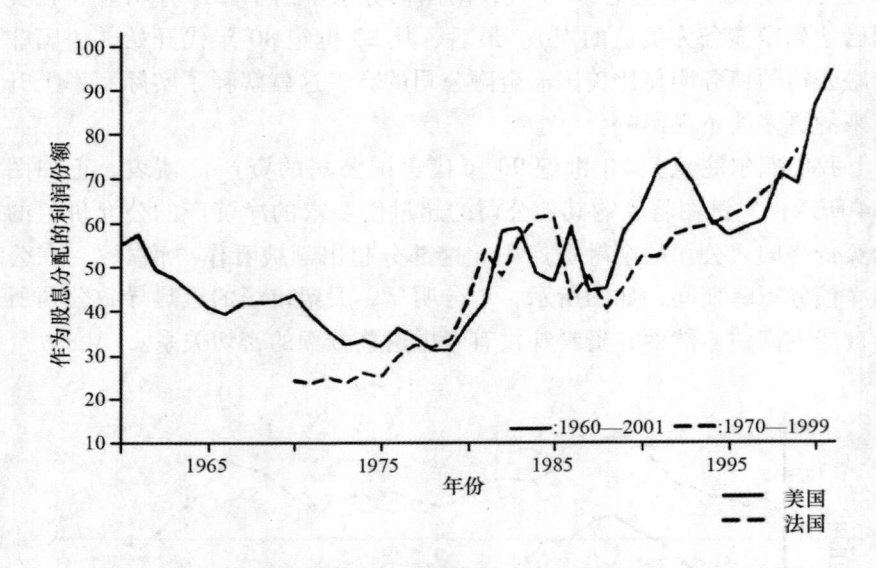

图9.5 作为股息分配的利润份额（%）：美国和法国，非金融公司

在利息方面，利息水平的变化揭示了力量与权力关系的转化。在危机期间，在新自由主义冲击之前，那些逐渐下调股息分配的公司控制着过去很大一部分的利润，但与此同时这部分利润已经减少了。自20世纪80年代初以来，一旦利息被支付，尽管缺乏利润率的真正的恢复，但相反的情况却蔓延开了。

总之，新自由主义的十多年似乎是资本高回报的时期，这不是从公司利润率的角度，而是从贷款人和股东的角度得出的。对公司来说，这是高融资时期。它们必须用高利息的支付和股息补偿资本持有者，高利息和股息分别与借款和所实现的利润有关。这个由金融、利息支付和股息产生的不断增加的税负与公司税收的减少形成鲜明对比。在这两个国家，政府都在挽救被金融所吞噬的公司的盈利能力，从而减少了对公司利润所征收的税收。

一旦股息支付被记录下来（除了税收和实际利息），我们就有了一种测量资本盈利能力的方法。这种方法能够更好地揭示利润率和积累率的相关程度（仍然针对非金融公司）。图9.6描述了法国的这种关系。这里用到的利润率由资本净值计算得出，即从利润中剔除实际利息、税款和股息。我们可称之为"留存利润率"。固定资产增长率和留存利润率的变化方式有着惊人的相似之处①。这些发现表明，利润中被金融拿走的部分没有返回到非金融公司的实际投资中，我们将在第十四章中进行论述。

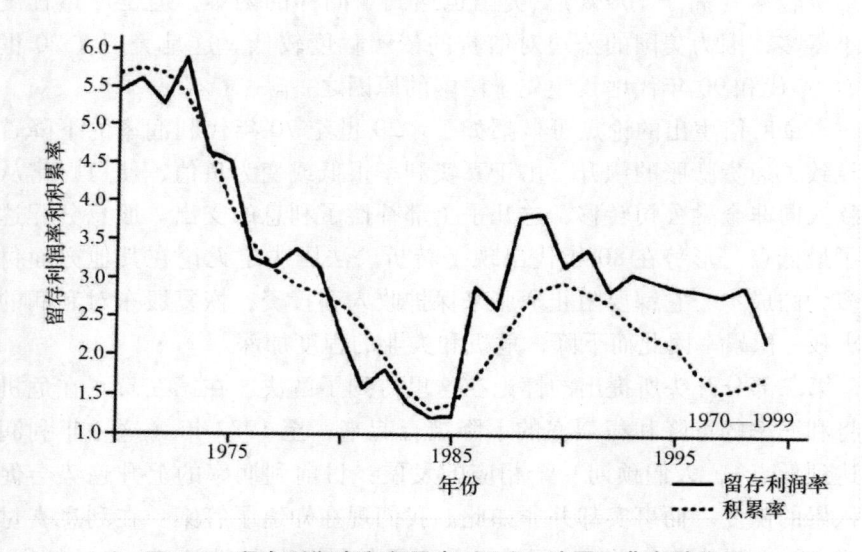

图9.6 留存利润率和积累率（％）：法国，非金融公司

注：利润率与图9.2中相同（包含利息支付），唯一例外的是已支付的股息从利润中剔除。积累率就是固定资产的增长率。

上述结果表明利润率在资本主义经济运动中扮演着重要角色。现在，我们已经知道了资本收益额、利息支付和股息在积累过程中的重要

---

① 这个关系确实和某些经济研究的结果相一致。关于法国、德国和日本的研究可以参见 L. Bloch 和 B. Coeuré《盈利、企业投资与金融危机：1970—1993年的法、德、美、日》，《经济与统计》（刊号268—269），1993年，第11—30页。

性，这使得我们赞同第三章图表中引入的留存利润率。

$$\begin{array}{c}\text{留存利润率}\\\text{的变动}\end{array} \longrightarrow \begin{array}{c}\text{积累}\\\text{的变动}\end{array} \longrightarrow \begin{array}{c}\text{就业与失业}\\\text{的变动}\end{array}$$

图9.6揭示了自20世纪80年代中期以来留存利润率和固定资产增长率之间有限的区别。这些区别暗示了留存利润部分而非积累实现了诸如购买法国股份、资本输出（直接或间接的海外投资）或债务偿付的目标。我们在这里应该关注最后一个因素（我们分别会在第十四章和第十二章讲法国股份的购买和资本的输出）。

法国公司没有投资，而是偿还了它们的债务。这是实际利率上升的一个间接影响①。在法国，这个策略导致了20世纪90年代末投资的高自筹资金率（高于100%）。美国也遇到了同样的困难，但是严重程度要小得多，因为美国的公司对信贷的依赖程度较低。这是美国在20世纪80年代和90年代增长领先于法国的原因之一。

本章所衍生出的论点可概括如下。20世纪70年代利润率的下降首先导致了通货膨胀的飙升。由于真实利率很低或变为负值，使得财富从贷款人向非金融公司转移，这几乎全部补偿了利息的支出。股息分配达到了最低点。形势在80年代出现了转折。法国决定无论在其他方面付出多大的成本，它都要阻止通胀来保护收入和投资，恢复股东对利润的要求权。积累率因此而下降，危机和失业的程度加深。

第二部分开头所提出的悖论在这里得到了解决。在第三章，在危机中将利润率的下降和积累率的下降结合起来，至1982年（这一年利润率达到低点），人们预期一个相应的发展：目前利润率的上升趋势会促进积累的恢复。而事实却并非如此。我们现在知道了答案：在利息支付和股息被金融占有之前②，积累率受到留存利润率和利润率上升的控制。

对技术变革新阶段的财富的应用巩固了新一轮盈利能力提高的基础，但这种应用令人震惊，因为政府通过税收和劳动力政策，通过停止

---

① 在直接问卷调查或者经济方法的研究基础上，证实减少负债的愿望表明投资和增长下降特定因素，参见P. Artus《法国企业是否会重新开始举债》，《金融经济》1998年第46期，第143—162页；H. Michaudon和N. Vannieuwehnhyze：《谁能解释近来投资的变化？》，法国统计局刊物1998年3月。对于小公司来说，减少负债更有困难，参见B. Paranque，《工业企业的竞争力与盈利能力》，《法国银行界》巴黎1995年。

② 米歇尔·汉森讨论了法国收益率和积累率之间的差异，将这种差异解释为资本主义没有能力扩大市场的结果。

自我购买力的增长,从而对资本盈利能力的提升作出积极的贡献。怎么能说工资约束和服从工作是降低失业率的必要条件呢?人们通常会做出这些妥协——但是收益不是流向劳动者而是资本持有者。

第 十 章
凯恩斯理论的国家债务和家庭债务

高利率政策不仅影响公司，而且影响政府和家庭获得贷款。政府支出以及如何为之提供资金是被广泛讨论的问题之一。在结构性危机期间巨额赤字不断扩大，政府债务像气球一样膨胀。在法国，社会税和其他税在 2001 年占总产出的 60%，强制性税收的税率的增长成为了永久哀歌的主题[①]。凯恩斯主义政府和它们的支出倾向及所做的一切遭到公开指责：它们不亚于导致利率上涨的原因（它解释了投资的减缓，反过来解释了失业）。挤出效应被提及——政府支出阻碍了个人投资。这些论点应该被颠倒过来：事实上，正是高利率引发了赤字。

应将政府支出和税收的演变置于结构性危机的总体框架之中。考虑到社会支出，对法国来说，这些机制与所观察到的一致（第六章），社会支出是公共支出的一部分，它是这一章第一部分的主题。

政府支出的过度增加可用来解释政府支出增加和产出增长之间产生的时滞。但这种增加并非缓慢而持久。支出与产出比率的增加在一定时间里十分明显：它主要集中在 10 年间。这 10 年究竟发生了什么？

在本章的分析中，我们有必要把利息成本从国家的其他支出成本中分离出来。除了利息的支付外，我们首先从支出开始，区分三个时间段：1975 年之前（法国结构性危机之前）、1975 年到 1982 年以及 1982 年之后。

截至 1974 年，政府支出与产出同步增长，没有融资问题，这是因

---

① 法国如此高的税率值并不意味着退休金或者医疗卫生保险的花费比其他国家的高，但该值以社会税支付等这些社会安全体系的方式从每一个雇主的义务转向金融。

为税收以相同的方式增长。法国经济从1974年的衰退开始大幅减缓，从每年5.1%（1952—1974年）的增长率降至2.8%（1974—1982年）（图8.1）。1975年到1982年，政府支出像以往一样以每年5.3%的速度持续增长并显示出惊人的规律性。在产出缓慢增长的情况下，支出与产出之比迅速上升。社会税率按照能够保持平衡的比例持续上升，政府债务的增长慢于产出的增长。1982年之后政府支出的增长率迅速下降到了每年2.1%。这个增长率比产出增长率略低且持续了一段时间。

可见，在结构性危机之前，产出和支出快速增长且相互抵消，未引起社会税收的相对增加。在危机的第一阶段，即1982年之前，产出的增长急剧下降，而支出却持续增加。但是这种失衡之所以能被控制住多亏社会税收的增加。1982年之后，尽管产出的增长率已经很低，但支出的增长率下降到低于产出增长率的水平。

我们希望支出与收入间的平衡能够一直得到保证。事实正是如此——没有利息支付，法国就没有政府赤字，赤字只是在零附近摆动。

关于政府赤字，了解接下来的事实很有必要：赤字完全是由于20世纪80年代初利率上升引起的。这种情况在欧洲的另一些主要国家也一样（除意大利）。图10.1以法国为例说明了这种状况。第一条曲线描绘了政府盈余或赤字占总产出的百分比的变化。这是一种早期的、传统的方法，它包括所有支出。第二种方法剔除了利息支付。我们在这里不花时间讨论余额的波动，这些余额从过去随政府收入敏感度的波动而波动转向随经济活动的波动而波动（经济活动强烈时波动大，经济衰退时波动小），而支出则更具有刚性。主要的事实是，没有利息支付，就没有赤字。甚至1975—1982年，即支出增长率没有明显下降的阶段也不例外。

图10.2为美国引见了同样的方法。与法国不同，考虑到利息支付，美国在1975年前就出现了程度适中的赤字，但是利率上升带来的影响在20世纪80年代到90年代十分明显，像法国一样，直到90年代末情况才有所好转。

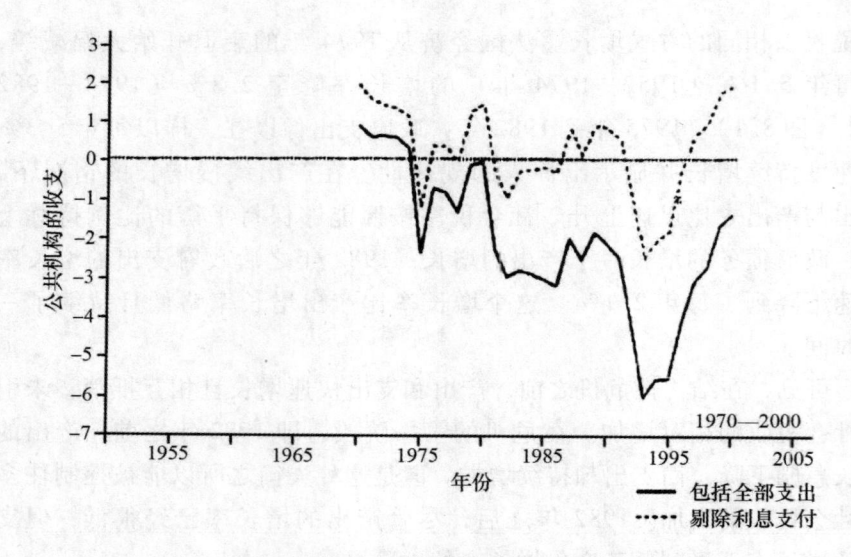

图 10.1　公共机构的盈余或赤字，包括所有支出项目，剔除利息支付（产出百分比）：法国

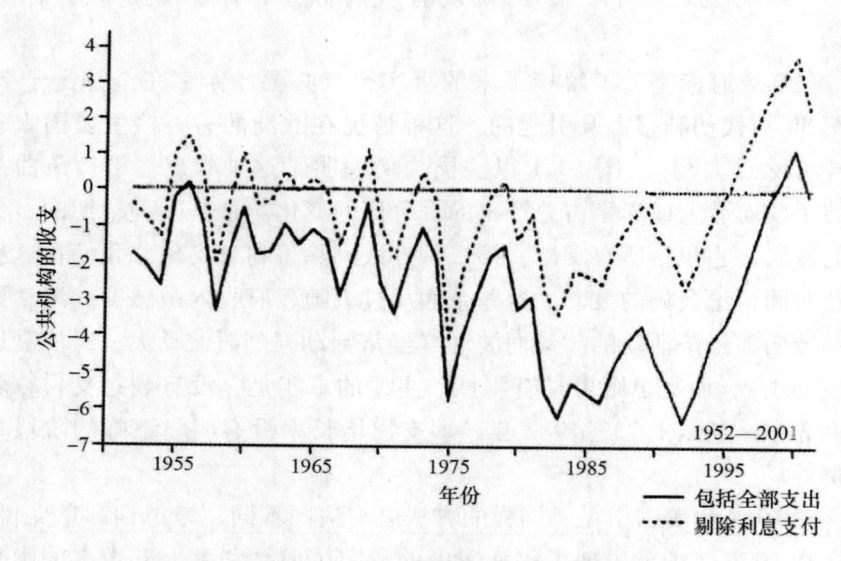

图 10.2　公共机构的盈余或赤字，包括所有支出项目，剔除利息支付（产出百分比）：美国

让我们顺便澄清一个含糊的地方。20世纪80年代的赤字并非刺激增长所致，按照凯恩斯宏观经济学，这种增长要求政府支出替代个人需

求的不足。在增长乏力、政府支出增长难以遏制、利率上升引起通货膨胀的背景下，美国只好忍受着赤字。里根根本不是最伟大的凯恩斯主义者！

在庞大的赤字出现之前，利率的上升是如何成为政府的包袱的呢？当利率上升的时候，各国政府都不同程度地有了债务。第二次世界大战之后，这些债务由于通胀有减少的趋势。短期证券为大部分的债务提供了资金。当利率上升后，按更高的利率水平展期这些证券变得很有必要。这种操作发生在20世纪80年代和90年代赤字的初期。

让与政府赤字有关的市场机制为利率的上升负责是不可能的。这些赤字出现在利率上升之后，一旦撇开利息支付的负担，赤字就没有了。

另一观点则认为，为了迫使政府控制其支出，利率上升的效应极为重要。假定政府不能通过其他政策减少支出，它们不得不支付利息而陷入债务，这样政府看起来和其他任何人一样成为理所应当的。债务负担和收入的减少不会带来足够的压力。换句话说，金融非常有必要让政府同时增加政府支出和税收，直到赤字无法忍受。这种荒谬的观点忽略了一个事实，即一项较少受限制的政策——不高的利率水平——会使较快速的增长成为可能，而且能提供稳定的税收收入和社会税。一项较为温和的政策能避免有可能产生的贫困和失业救济金的支付。管理危机是十分必要的，这是一个不可否认的事实。新自由主义策略危害尤大，这也是一个事实。

现在我们开始讨论家庭债务问题。除去一些共同点，家庭债务这一术语与公司和政府债务有很大区别。法国家庭诠释了结构性危机和新自由主义政策所带来的结果。

像公司债务一样，不能将家庭债务当作一个不可分的整体来分析。显然，有必要对贷款人和借款人这两类群体进行区分。一些家庭可能既是借款人又是贷款人，还有些家庭则可能从借款人变为贷款人（例如，为了买房，有必要提早存钱，还可以暂时做一些购买债券之类的金融投资，然后借款）。然而，可利用的记录资料并不能让我们分离出已列出的相关数据，我们只好将就一下总量数据。

图10.3记录了家庭每年的借款总量（剔除借款的偿还）。这些借款直到1985年都呈现出相对稳定的状态，但是，1986年和1987年突然增长，最终翻了一番。

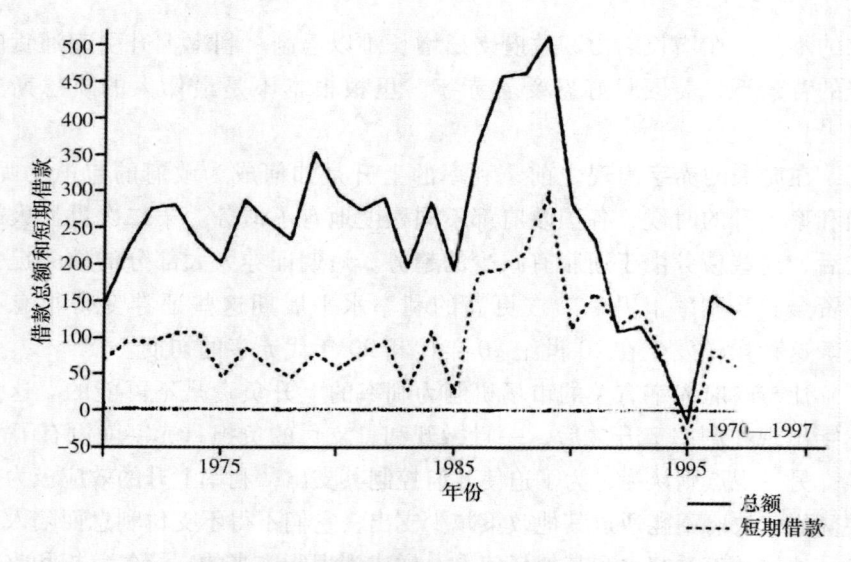

图 10.3　每年新增的家庭借款总额和短期借款（1995 年亿欧元）：法国
注：借款通常是在剔除所偿还的借款后计算得出。

为了明确这些事件的意义，我们必须把债务问题放在结构性危机和家庭看待危机的方式的一般框架中。工资构成家庭收入的主要部分，1974 年危机之前，实际工资每年以高于 6% 的速度上涨。1974 年到 1982 年实际工资仍在上涨，只是增速有所下降。由于收入增速放缓，很多家庭也都降低了它们消费支出的增速和对房产的购买，以避免陷入债务之中。1982 年到 1987 年是最糟糕的阶段，由于工资的低增长和就业率下降，总工资几乎没变（总工资的不变意味着一些人收入增加，另一些人收入减少）。很多家庭都减少了支出，但未与工资的下降同比例下降，因此导致债务的产生。家庭借款主要满足月末支出的需要——这些债务都是非自愿性的，债务的增加主要是短期借款的结果（图 10.3），借款促使利率急剧上升，接着就出现了巨大债务风潮，这恰证明了政府干预的合理性（政府对大额借款收取手续费）。债务增长的特点在很多揭示其与结构性危机的关系的研究中都被分析过。[①] 这些例子的 90% 都是消费信贷问题，这些例子或者是独立的，或者与房地产贷

---

① 参见有关过度负债的档案《金融经济》1998 年第 46 期以及 J. J. Hyest 和 P. Loridant《过度负债的预防与修正》，《Rapport d'information》第 60 期，Sénat 出版社 1997 年版。

款有关。在近半数的例子中，各种困难都与失业有关。

实际上，20世纪80年代初利率上升后的几年里发生的债务问题没有减少政策改变的责任。面对与危机直接相关的各种困难（失业，工作安全性的缺失），很多家庭多次成了新自由主义政策的受害者。第一，收入成为被严重削减的对象，导致工资总额增长完全停滞；利率持续上升和失业进一步加剧。这次失业更普遍地说是新自由主义政策导致工资冻结。第二，利息支付的负担是家庭支出之一，实际利率的上升给很多家庭带来了沉重的负担。1987年，利息支付几乎是全部借款总额的一半。为了支付利息，债务进一步加深。这种累计恶化的逻辑可想而知。

巨额家庭债务的增加很自然地表明借款增加（有轻微的时滞）。在图10.4中我们可以很清楚地看到家庭借款膨胀式增加的趋势。这些借款在20世纪80年代初占家庭可支配收入的60%，之后迅速增到了近90%。尽管巨额债务仍是个问题，但超出部分并非永远不变。这样的严峻时期终于在20世纪90年代初结束，尽管家庭支出仍在适度地增加，但经济开始好转（栏目8.1），失业率趋于稳定，总工资开始增长。短暂是这个阶段债务的特点。然而，20世纪90年代末，法国的债务率仍然略高于70年代的水平。

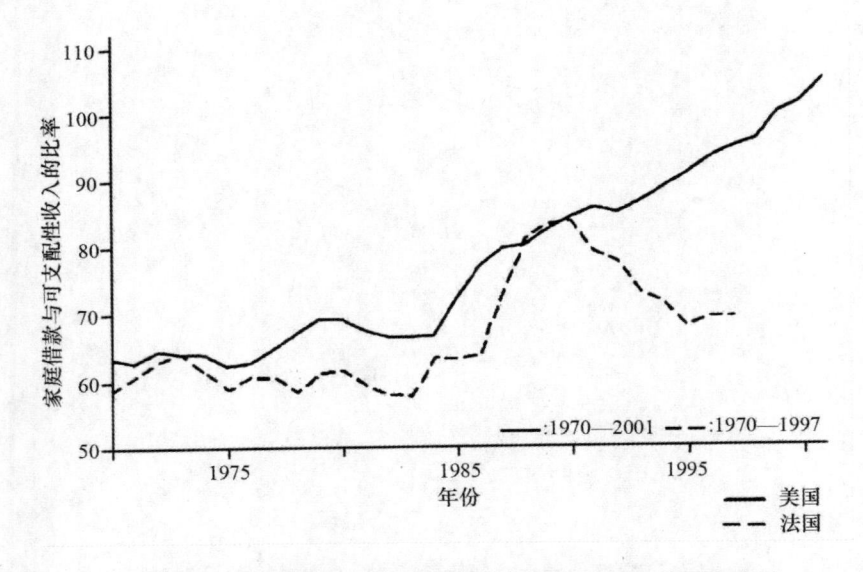

图10.4 家庭借款与可支配性收入的比率（%）：美国和法国

美国家庭债务的增长比法国更为显著（图10.4）。20世纪60年代初，美国家庭的总债务占他们收入的60%，与法国的债务率差距不是很大。然而，像在法国一样，美国的债务率上升，从1999年开始超过了100%。美国家庭债务的增长以及其持续性的特点源于美国国内的宏观经济特点，这个我们将在第十二章中讨论（主要关注美国的低储蓄水平和外资为美国经济融资）。就像我们看到的，新自由主义引发了美国一系列累积性失衡事件。法国和美国存在不断增长的债务。法国由于支付的外部平衡的约束没能维持这种趋势，而美国却做到了。

第 十 一 章
金融危机的蔓延

我们对新自由主义金融的控告是有价值的。1979年政变扩大了结构性危机的影响，特别对失业的影响，政变还恶化了政府赤字和家庭债务，政府赤字和家庭债务已被缓慢的增长、失业的增加和工作安全的缺乏搞得不堪一击。本章将加上这种控告。它研究20世纪80年代和90年代货币金融危机的蔓延，新自由主义为危机撒下了种子。

金融危机可分为几种类型。发生在20世纪80年代的危机，无论是外围还是中心都受利率提高的直接影响，并伴随着货币和金融管制的解除。20世纪90年代的危机首先与市场全球化相关，市场全球化是新自由主义在其国际上的一个特有的方面。第一次危机表明新自由主义经济的开始；伴随而来的货币和金融危机则是新自由主义全球化的特征。然而，这个边界不再是不可跨越的了①。

我们首先回顾与1979年利率提高有直接关系的两次主要的金融危机：外围国家的债务危机和中心国家的金融体系的危机。

这里我们必须提一下发生在20年前，也就是20世纪80年代初的一件事情，这件事情的结果在本书所涉及的最终时期仍然令人吃惊。这就是墨西哥在1982年8月宣布因其没有能力偿还债务而引发的危机。在很长一段时间里，墨西哥仍然是第一个（这样的国家——译者加）。截至1983年10月，27个国家已经重新制定了它们的债务清偿支付款额，其他国家亦跟风行事。四个最严重的债务国家是墨西哥、巴西、委内瑞拉和阿根廷，它们所欠债款占欠发达国家总债务的74%。

这些国家是如何发现它们自己突然被驱使停止偿还债务的？高利息

---

① 在这一章中我们广泛利用了联邦存款保险公司.《八十年代的历史：未来的教训》，华盛顿联邦存款保险公司1997年版。

率和通货紧缩的冲击,即实际利息率的上升,使受到冲击的实体迫使国家继续以不同的利率进行政策性的借款。此次冲击的强度可从这些国家的实际债务率的突然上升中看出来——利息总额与总债务之比,减去美国通货膨胀率(图11.1)。对于资本主义中心国家,我们可以看到,20世纪70年代的低利率(此处是负值)随着政策的改变其上升令人吃惊。在80年代上升得尤其高。在这种状况下,债务变得无法忍受很容易让人理解①。

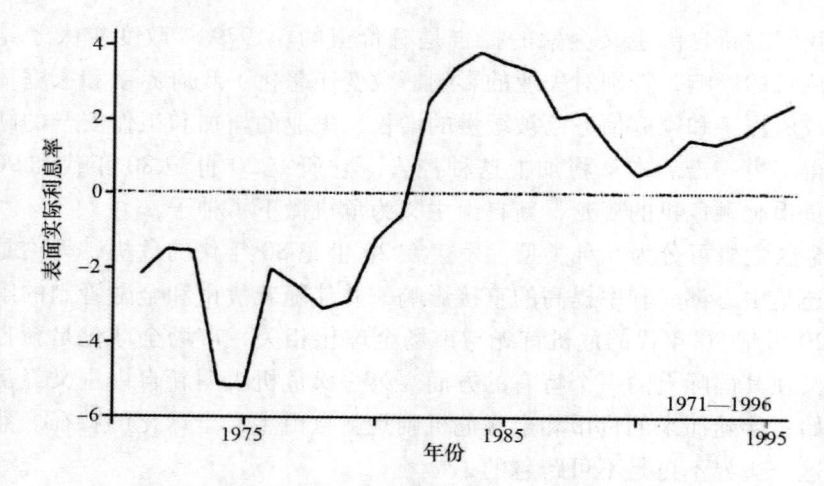

图 11.1 表面实际利息率(%):发展中国家

注:这是利息支付总额与总债务之比,再减去美国通货膨胀率。

20世纪80年代之前债务开始增长,1979年的货币政策的变化并不能为危机负全责,但经济好的一面应归功于这项政策。20世纪70年代初,按照世界银行的定义,发展中国家的债务仅占这些国家产出的7%—8%。这个比例截至1979年增加了两倍。短期内债务比列的大幅增长显示出一个不断加剧的威胁。1979年到1987年这一比例从占产出的16%上升到39%。利息和本金支付从原来占出口额的7%—8%在

---

① 在这里我们不考虑这些事件的政治方面,它超出了本书的意图。特别参见 Eric Toussaint《股票交易所与生活:当金融面对大众》,布鲁塞尔 CATDM 出版社 1998 年版,第九章,文中将债务上升置于罗伯特·麦克纳马拉的行为框架之中,而这个框架是在对抗共产主义的背景下产生的。

1986年突然上升至23%。

伴随着这些国家出口的原材料价格的下降以及从陷入危机中的中心国家扩散的需求的低水平，利息支付的巨大支出带来灾难性的影响。图11.2以1992年的美元为基期，描述了发展中国家的产出。这个变量不能直接说明人们生活水平的变化，但是它确实可以衡量购买力，这些国家的产出代表的购买力与美国的产出所代表的购买力息息相关，但使二者的关系更清晰是很困难的。与20世纪70年代取得的成就相比，这简直是一场失败。当然，美元在80年代波动很大，它扭曲了这些运动，但是15年之后，也就是1996年，当以1979年的最高产出水平为标准，这些国家的产出水平仍未达到此水平。

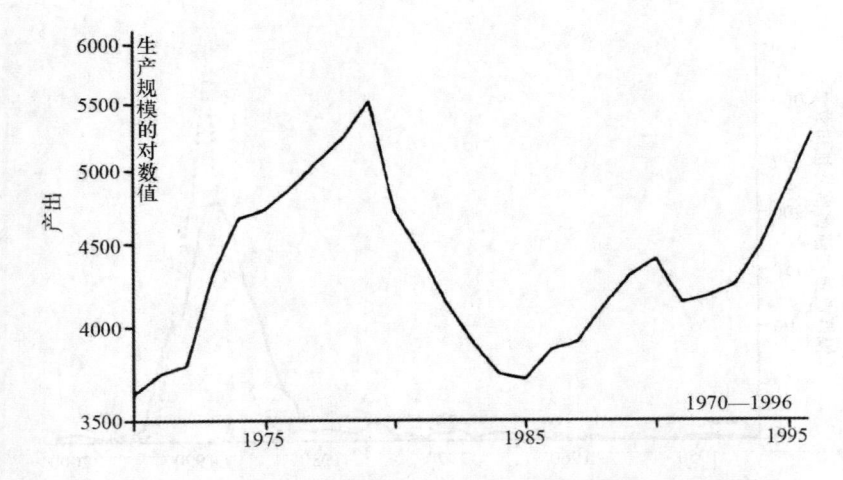

图11.2 产出（亿美元，以1992年美元为基期）：发展中国家

新自由主义年代的第二个主要危机与利息率的上升直接有关，它重创了包括美国在内的中心国家的金融体系。虽然许多问题都是利率上升引起的直接后果，但它们一直持续到20世纪90年代，紧随而来的是国内和国际放松管制。

自20世纪80年代以来，只有少数几家银行系统没有受到第二个主要危机的影响。除了德国之外，所有的或者说几乎所有的主要资本主义国家全都受此影响：美国、日本、法国、英国以及斯堪纳维亚国家。美国的金融机构遭受了自大萧条以来前所未有的银行破产冲击。日本的事例众所周知，每一个法国人对法国里昂信贷银行、企业家银行以及地产信贷银行的例子记忆犹新。斯堪的纳维亚国家也提供了好的事例：对芬兰银行的紧急援助花费了国家一年内总产出的六分之一。如果关注不良贷款的积累量就会发现①，南欧同样也无法幸免。新闻界大量报道了英国巴林银行破产以及美国长期基金管理公司紧急资金援助一事。

在这里，我们将讨论20世纪80年代和90年代初美国金融危机的更多细节方面——银行以及储蓄贷款协会的危机（栏目11.1）。在1984年到1994年，几乎有1400家银行以及1200家储蓄贷款协会（1984年，银行机构总数为14500家，储蓄信贷机构总数为3400家）破产或者请求美国联邦存款保险公司的干预（图11.3）②。

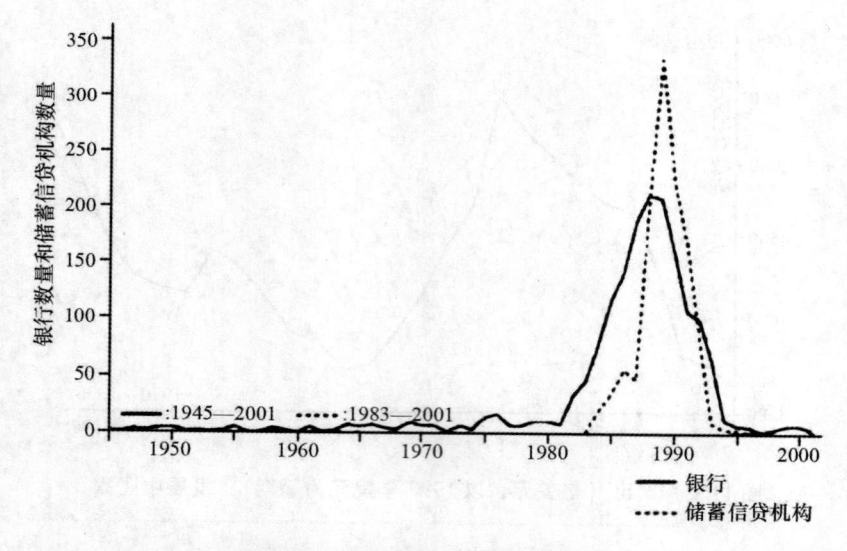

图11.3　破产或被救助的银行和储蓄贷款协会的数量：美国

注：银行和储蓄贷款协会的储户的存款由联邦存款保险公司保险，联邦存款保险公司或者命令银行和协会关闭，或者进行紧急救助。

从这次危机中可以得出一些一般性的特点。一个本质性因素就是

---

① 所有关于这些方面的研究，参见 J. Lambert、J. Le Cacheux 和 A. Mahuet《经合组织的金融流感》，《经济学观察与诊断》1997年第61期，第93—138页。
② 据一家银行记载，最惊人的银行破产是1984年的大陆伊利诺伊州国家银行和信托公司。

20世纪80年代初利率的上升。与之相关的，有人会说起1979年的"对社会动荡的强烈抵制"。造成美国银行体系危机的主要原因是借款者无力还款，特别是国际借款人，这正是因为利率的上升。这些受到影响的借款人，除了一些外围国家外，主要是美国农业部门、能源部门，尤其是投机行为严重的办公写字楼。因此，尽管实际利率在上升，但是金融系统的利润率在20世纪80年代也一直在上升。

美国的银行危机和外围国家的债务危机紧密相关。值得注意的是，美国银行给予这些国家的贷款相当于1977年美国银行净值的一半，且超过了1987年美国银行净值。1983年，危机爆发后的第一年，四个负债累累的国家（墨西哥、巴西、委内瑞拉和阿根廷）的大约四分之一的债务是亏欠美国八家最大的银行，（这些债务——译者加）相当于八家银行净值的147%。尽管股市已经有不少的警告，这些银行的股价仍然持续上升。例如，仅在1987年，花旗集团在其声明中表示对亏损进行拨备。1989年，这些拨备占所有银行系统债务的一半。

> 栏目11.1　美国储蓄贷款协会的危机
>
> 　　美国储蓄贷款协会是传统的专注于住房融资的投资机构。在危机来临之前（1965—1988年）它们持有的存款是银行的55%到60%之间，然而到了2000年，这个数字只有19%。储蓄与信贷行为背后的原则是为它们的存款支付短期利率，这种利率低于抵押的长期利率。存贷双方关心盈利能力，在他们的要求下，调整最高存款利率[a]。由于这个原因，当20世纪80年代初利率上调的时候，家庭按照一个叫"脱媒"的程序，将它们的存款放到别的地方以获得更多的收益。危机最初开始于20世纪80年代初，这时储蓄与贷款的净值实际上已经降到了零。储蓄与贷款活动受到大规模放松管制的影响，政府鼓励兼并。这样做的后果是1982年到1985年毫无节制的无序的市场行为。存贷双方从事所有可能有利可图的活动，给娱乐场、滑雪胜地以及当时异常火爆的写字楼市场增加贷款。1986年开始，损失变得巨大，这尤其与房地产价格骤降有关。乔治H. W. 布什于1989年展开了一场重要的紧急援助，其花费直到现在还没个准确说法[b]。

> a. T. 卡吉尔：《货币、金融体系和货币政策》（Englewood cliffs, N. J.：Prentice-Hall, 1991），第 304 页。
>
> b. 许多年来，这项花费估计达到 1600 亿美元（1998 年美国的总财政预算是 25000 亿美元）。关于这些问题可以查阅没有经任何修改的图片：这些图片在联邦存款保险公司。80 年代的历史：未来的教训（华盛顿：联邦存款保险公司，1997）注 1。

去管制和再管制风潮的结果也很重要，控制储蓄和贷款危机的方式在去管制和再管制风潮的结果中也有所体现。在危机的第一阶段，里根政府获得市场价值，而不愿意纾困和重建机构。所有的新自由主义规则都用到了"鼓励合并"，无论存款利率如何都进行自由支付和从事各种令人质疑的自由活动，尤其是投机性的活动。后来联邦政府改变了它的态度，尽全力阻止金融危机滑向 20 世纪 30 年代的大危机，政府尤其确保为存款保险融资。

近期有关新自由主义危机的第二种类型的研究已经很多，这些研究很少将危机与利率的上升联系起来，而更多地直接与市场全球化和国际资本的流动联系起来。

除了债务危机，墨西哥提供了 1994—1995 年第二种类型的危机的早期范例。被国际货币基金组织看作典范的经济政策（实施——译者加）6 年之后，1994 年 12 月底墨西哥不得不突然允许它的货币与美元汇率自由浮动（栏目 11.2）。一年后比索贬值一半，市场价值也以相同的比例下降，利率放开，经济陷入衰退，同时带来巨大的社会后果。墨西哥工人的平均购买力下降了一半，贫困率从 30% 上升到 50%，但是墨西哥偿还了其债务。

墨西哥危机标志着繁荣的终结，接着进入比索对美元稳定、外资大量时期。它是东亚危机的先兆。3 年后，也就是 1997 年，先是泰铢崩溃，紧接着是菲律宾、印度尼西亚和韩国货币崩溃。股票市场也开始随着货币的跳水而崩盘，银行倒闭数量增加，特别是一些韩国的综合性大企业、大财团破产，在所有这些国家中，危机带来了一系列后果——失业，生活必需品价格高涨导致贫困，大大小小的犯罪数量上升，等等。

> **栏目 11.2　1994—1995 年墨西哥危机的根源**
>
> 　　20 世纪 80 年代末，墨西哥经历了一段极其高的通胀率（价格大约每年翻一番）。随之实行了一系列大的改革。这些改革厌恶传统的宏观经济特征，特别是消除国家预算赤字和维持比索汇率的稳定，但是它们的重要性更为广泛。当然，这场改革可以看作是一场自由化的运动：私有化，去管制，重新将经济定位于国外市场（这导致 1993 年《北美自由贸易协定》的签订）以及金融业的繁荣。按其内部准则，尽管墨西哥从来没有再次达到其在 1982 年之前的增长率水平，这场改革在所有领域是完全成功的。
>
> 　　不管工资的合理性，墨西哥的通胀率在不断下降，但仍高于其商业合作伙伴的通胀率水平。之后，墨西哥国内与外国商品的相对价格继续向有利于后者的方向发展。整个时期的特点是贸易平衡中不断增长的赤字——尽管出售石油，相对于出口，进口越来越多。在这种情况下，保持墨西哥货币的平价变得不可能。为了留住外资，墨西哥被迫采取越来越具危险性的计划。当调整的必要性变得明显时，资金外逃引发了全面的危机。

　　图 11.4 和图 11.5 描述了韩国遭受重创的情况。失业率从危机前的 2% 左右突然升到 7% 和 8% 间。股票价格从 1995 年开始下降，接着狂跌，一年内下降了一半。经济活动，特别是工业经济活动，极大地受益于韩元对美元贬值 1/3，但失业水平并没有回到之前的水平。

　　解释这些货币和金融危机很难。但是一部分因素是确定的：与去管制（无论是中心的还是外围的）密切相关的银行体系的脆弱性；某些公共和私人金融机构较差的管理；国内和国际银行活动缺少有效监督；浮动汇率，或者反过来说，某些货币与美元挂钩（根据国家和时期）；国际资本的自由流动（这更多地直接涉及外围国家）。为了资本的自由流动，实行高利率，导致无力支付。

　　但是，这幅图中还缺少的一个重要因素，那就是 20 世纪 80 年代和 90 年代金融机构的疯狂增长。我们将在第十三章论述此问题。金融机构增长所需资金来源于利息支付的净流量和资本的流入，前者是对经济剩余征税，后者靠盈利能力驱动。无论环境状况怎样，这样的繁荣会将

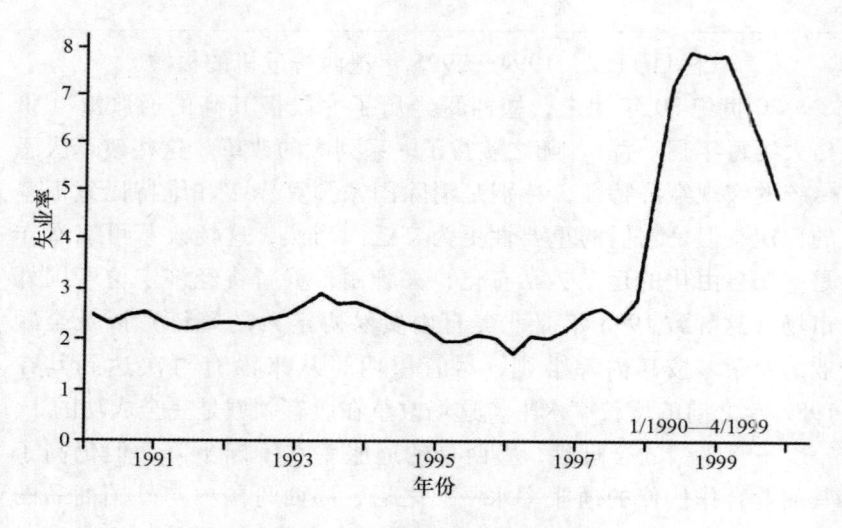

图 11.4　失业率（%），韩国

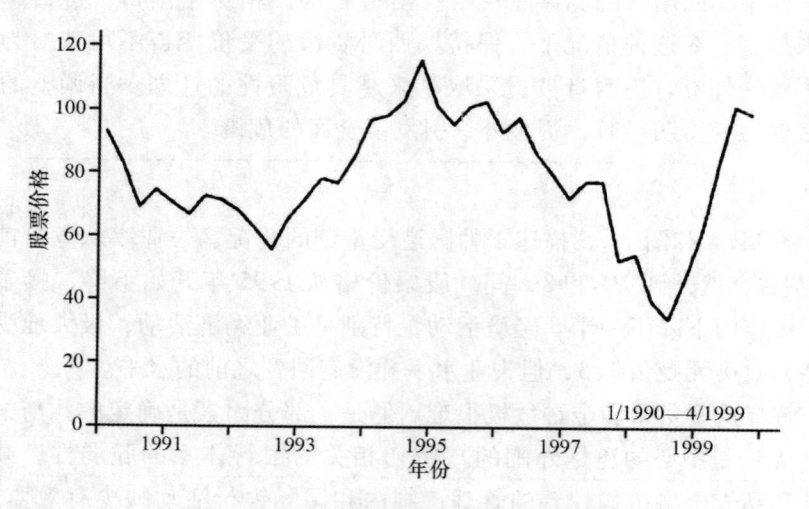

图 11.5　股票价格（1995 = 100）：韩国

金融体系拖入危险之中。这种状况并非偶然，而与令人吃惊的去管制程度相关。与此同时，可利用的资金总量正在增加，金融部门放弃了它正在使用的一些安全措施；有些情况下要求持续谨慎，所有能限制规则的事都做了，这些规则强制推行约束措施和纪律。

毫无疑问，金融机构的活动必须受到管制和一定程度的控制（从货币和金融稳定角度)。在新自由主义实行前的几十年,在政府的监督下中央银行行使控制权。监管的放松以及在国际层面上监管的脆弱,这些事实以敏锐方式提出了出台替代规则和建立能在更大的范围内推行替代规则的超国家机构问题,被称为审慎管理的规则正在建立;电话指令正在制定;救助行动正在组织进行。很难判定说这些措施没有任何用处,但是它们没能阻止危机的重演。

管制货币兑换机制增加了这些麻烦。20世纪90年代,世界货币体系将固定汇率与浮动汇率结合起来,前者是某货币与美元挂钩,后者导致汇率发生不合理的变化,比如美元与日元——极端的刚性和弹性的一个奇怪的混合物。将某种货币与美元挂钩看起来确保了国际资本避免汇兑风险并且允许资本在最令人满意的金融条件下流通。但事实上,其他货币浮动以及通货膨胀率的差异可能从根本上破坏系统。所以,某些东亚国家,像韩国,本来与日本经济紧密联系,还是将它的汇率与美元挂钩(在国际交易中使用)。只要美元贬值,韩元就处于优势。但是美元和日元①之间汇率的急剧变化,特别是1997年6月至1998年8月(即超过14个月)间美元重估了27%,也重估了这些经济体的货币,由此创造了经济衰退的条件,这些条件被其他因素放大。

引起20世纪90年代危机最经常提到的因素是资本在世界市场的自由流动。在发达国家,这种自由从根本上限制了国家政策的自主权,已经形成了严重的不利条件。在新兴国家,这种资本流动带来了很大程度的不稳定性。对于每一次危机,经济衰退的来临创造了使危机进一步恶化的条件。这是一个老现象,但在过去10年里已表现出前所未闻的比例。流入所谓新兴市场国家的资金的大幅上升可以追溯到1990年,当1997年危机快要来临时这些资金突然调转方向。②

资本自由流动问题触及资本主义运行的一个基本层面,即新自由主义战略的一个敏感点——重申资本经营者的特权。真正的威胁并不是来自这样或那样的宏观经济失衡、轻率的金融行为或这样或者那样的政策

---

① 第十二章对美国霸权主义的讨论将会给我们提供考察汇率变化的机会,这个讨论为这种分析奠定了基础(图12.1)。

② 关于贸易和发展的联合国会议,《贸易和发展报告》,纽约联合国1999年版,第101页。尽管詹姆斯·托宾的观点有些过时,但他使人们重新燃起了对国际资本流动征税的兴趣。参见F. Chesnais《肯定托宾还是摒弃托宾?》,巴黎L'esprit frappeur出版商1998年版。

失误，而是来自维护这种自由的程度和方式。

没有资本流动就没有资本主义。资本在企业里通过生产具有了生产性，但在一个较高的水平上必须要有代理商，资本家们在各公司和各部门之间不断运转资金——这是利润率最大化的手段之一，也是金融的职能之一。

问题从金融机制自主的必然过程转向生产的基础层面。在生产过程中资本流动缓慢，因为资本的一部分被固化在建筑物和机器中。公司不会一夜之间就制定好战略决策（开发一个项目，重组或者放弃该项目）。如果一家公司只认可自己，它必须建立在长期的基础上，那是效率的代价。

完全的流动性不应当被看成生产国际化的一个简单而必要的附属物。不可否认，跨国公司的发展需要在世界层面上重组货币和金融运作业务，但是，甚至在危机情况下，在大公司内部完全自由化的需求意味着金融业务功能与生产的必不可少的补充不一样，而更像是独特的、主要是自主的运行（跨国公司包括在内）。

金融市场有自己的运作模式和逻辑。金融对暗示可能盈亏的信号很敏感。当一个企业有利可图，资本流向它；当另一个企业没有多大盈利时，资本退出。与世界生产一样，金融制度的建设纵贯资本主义全部历史，它试图不断完善这些制度功能，同样有调节运行的必要。这些机制在某些方面是高效的，从某种意义上说，它们使选择变得容易。但它们也有潜在的破坏性后果。股市危机的历史表明了这一点——当每个人都想退出时，股价大跌。

货币市场也是这样。如果资本持有人感觉到一种货币将贬值，他们往往转而持有另一种货币。多亏中央银行通过买进卖出货币或通过利息率的上升使汇率保持稳定，否则汇率可能下跌，这证实了消极的预期。

当我们谈到金融和货币的脆弱性时，我们说——人们总是可以在资本主义乌托邦得到损失庇护，在博弈的神话中资本持有人总是赢——所有的资本持有人在资本崩溃之前逃避、逃跑。

第 十 二 章
霸权主义下的全球化

新自由主义可能意味着全球范围内主要的发达资本主义国家回归金融霸权，但这不能成为忽视美国优势的理由。对最不发达国家而言，资本国际化和市场全球化不是平衡关系的同义词。完全相反，新自由主义的主张恰与美国及其金融霸权主义的强势复兴一脉相承。①

美国在世界金融居特权地位。金融机构（银行、共同基金等）、大跨国公司（大部分被金融化）和大量的美国证券持有人居主导地位。这种主导地位被他们的国家接替，② 美国倾向于使自己摆脱旧的政治妥协，从而根据自己的金融利益时而去管制时而再管制，但凡涉及金融、贸易或研究问题，都维护美国在世界舞台上的地位。假定伦敦市场的重要性依旧存在，英美两国间密切的金融关系会强化这种状况。

美国金融霸权在更一般的背景下涉及科技、军事、政治和文化。③ 在严格的经济水平上，我们记得 2000 年美国承担世界经济合作与发展组织 30 个国家近三分之一的产出。尽管其他国家在很多方面赶上了美国，甚至在某些领域已经领先，但美国经济在许多技术层面仍然是最先

---

① 这种情况引起了与帝国主义有关的分析的复兴；参见 G. Duménil 和 D. Lévy 编《噩梦三角：危机、全球化、金融控制》，巴黎：法国大学出版社 1999 年版，第二部分。也可以参见专注于新自由主义的全球化的大量著作，包括 S. Amin：《全球化的挑战》，巴黎：L'Harmattan 出版社 1996 年版；M. Husson：《资本的苦难：新自由主义批评》，巴黎：Syros 出版社 1996 年版，第二部分；F. Chesnais：《金融全球化：起源、代价与挑战》，巴黎：Syros 出版社 1996 年版；《资本主义的全球化》，巴黎：Syros 出版社 1997 年版；M. C. Esposito 和 M. Azuelos：《全球化与统治：盎格鲁–撒克逊的变迁》，巴黎：Economica 出版社 1997 年版；J. C. Delaunay：《被质疑的全球化》，巴黎：L'Harmattan 出版社 1999 年版。

② 这是 Eric Helleiner 的著作《国家和全球金融重现：从布雷顿森林体系时期到 20 世纪 90 年代》一书中的核心观点，纽约：Itacha 康奈尔大学出版社 1994 年版。

③ 《今日马克思》，《美国的霸权》，第 27 卷由 Gilbert Achcar 整理，2000 年版。

进的。

美国从其世界地位获得的好处可以在前面章节涉及的方方面面中看到。高利率政策造成的巨大损害无处不在，美国也未能幸免，但总体来讲，对其造成的损害小于其他地方；欧洲及外围国家吃了更多的苦头。美国没有为市场全球化付费，恰恰相反，美国从市场全球化中受益。美元的国际货币地位使这个国家的高消费率和购房支出与其经济增长并存成为可能。这些要点值得更加仔细地研究（我们先不讨论贸易谈判问题）。①

美国霸权使我们得先回顾一下第九章，在那里我们看到1979年利率的上升对法国经济造成的负面影响，这是美国的决定。法国公司通过借款获得融资的比例高于美国公司，特别在利率上升的20世纪80年代初（图9.4）。只要实际利率低或为负值，就像在20世纪70年代，融资使公司受益，但是突如其来的利率变化给法国经济造成了相当大的损害。正因为如此，利润率下降的比例比美国更大。这种冲击促使两国公司试图减少它们的债务，但在法国想要成功减少债务则更加困难。虽然小型公司已经在近些年不再借贷了，但债务的减少仍然不彻底。债务负担是法国只能缓慢摆脱结构性危机的主要原因，也是20世纪90年代两国所记录的增长率不同的主要原因。

至于外围国家有什么可说的呢？1979年的政变给这些经济体造成重大损失（第十一章）。损失的数字如此大以至我们没有必要对其进行评论。

全球化给外围国家带来的损害和在较小程度上对欧洲和日本加息的阻碍是可预见的。它们不应被看作一种治疗的次级效应，机制的复杂性使预测次级效应变得不可能。20世纪70年代美国使外围国家陷入债务；美国在20世纪最后10年实施严厉的反通胀政策，这只会给已走上日益繁重的债务道路的国家带来灾难。欧洲企业使用更多的银行信贷融资的事实是一个众所周知的现象。但胜利抵达新自由主义时代的美国不可能被这些小事所困扰，因为在其他地方会产生主要的成本，还因为财政收入危在旦夕。

---

① 参见 B. Hoekman 和 M. Kostecki 在《世界贸易体系的政治经济：从关贸总协定到世界贸易组织》中绘制的图，斯坦福：斯坦福大学出版社1996年版。

现在我们转向国际货币和金融机制——因为美国拥有世界货币，所以它享有操纵世界货币的特权。人们经常讨论这种战略上的优势。在这方面，人们说起铸币税，它是封建领主铸造货币和规定利率的特权。

20世纪70年代的美元危机本应从根本上影响美元的国际地位，但仅仅在极短的时间美元的国际地位有所削弱，危机后美元理直气壮地重申了其作为世界货币的地位。诚然，日元曾短暂威胁到美元，但日本的经济危机使美元无可争辩地占据主导地位。德国的马克是候选货币吗？欧元是一个伪装者吗？

我们在这里强调，在浮动汇率和资本自由流动的世界（市场全球化的世界）里，美元在美国统治下的角色。我们毫不犹豫地断言：如果美国不享有这种统治地位，它永远不会是全球化的行为主体，其他任何国家也不会取代它成为金融新秩序的载体。在国际资本自由流动的体系中，所有国家都试图撤回资金，但当本国货币在国际投资者眼中无足轻重之时，也就是本国汇率不稳定之日。当一国货币地位高于其他国家的货币时，这个国家就很少受开放市场的影响。内部危机对它的影响会远远小于他国，这是因为资本流动不会放大内部危机（然而，这个国家可能会遭受深度的外国危机带来的影响）。一些政府因为浮动汇率（或刚性盯住美元）和资本自由流动而在很大程度上已经对本国货币失去控制。对于所有这样的国家，全球化所引起的风险是永久的和严重的。实行浮动汇率和资本自由流动的国家只要它们的经济、政治和社会状况足够安全，而且有可能获得大量的利润，这些国家就可能偶尔获利，但全球化对它们是一个永久性的威胁。

考虑全球化带来的威胁，我们必须考虑汇率操纵及它与美国国内繁荣之间的关系。研究汇率的演变揭示了美国在实施自己政策以及区分国内问题优先次序时所享有的极大的自由空间。

图12.1描述了与美元联系的法郎和日元相对于美元的估价（马克的曲线非常接近法郎的曲线）。如果变量值小，货币被低估；反之，则被高估。在解释这个变量时，可以先将20世纪80年代中期法郎和日元的突降和恢复搁在一边。这一波动反映了1982年经济衰退时期美元达到了峰值。20世纪70年代初的美元危机标志着一个突然的变化。首先是水平的变化，这个变化显示危机后美元的贬值。除了20世纪80年代

的萧条期，法郎重估了约三分之一，并且一直到20世纪90年代后期保持相对稳定状态。在20世纪80年代同样的限制下，日元持续升值到1995年。这反映了当日本制造业发展给美国制造业带来威胁时，美国所采取的政策。这种威胁在美国一直被明确地受到重视。通过观察这些广泛的活动，我们明白自美元危机以来盛行的世界货币体系允许美国确保其货币不贬值（主导货币不能贬值！），在不损害美元地位的条件下，要尽快尽可能经常地、有必要地重估日元。

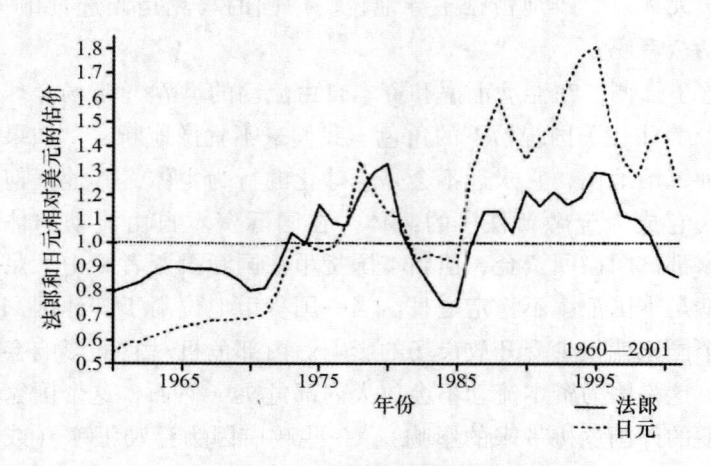

图12.1 法郎和日元相对美元的估价

注：经合组织计算汇率，即所谓的购买力平价。其中，如果它们被普遍接受，一定数额的某国货币换成美元后，它在该国和美国具有相同的购买力。该图中的统计是实际汇率与购买力率之比。这个比率对相对美元被高估的货币是高的，对相对美元被低估的货币是低的。当变量低于水平线，美元是高的。

货币浮动是一个令人吃惊的现象——不像20世纪60年代和70年代初的缓慢下滑，它的波动幅度非常大。它们通常反映了美国所做决定的效果，这些决定是美国为了满足国内政策的需要，尤其是反通胀的需要。因此，在所考虑的期间最引人注目的事件是20世纪80年代初的美元大幅升值和1979年货币政策的变化（图中曲线的大幅下降表明美元的迅速升值）。后来的波动往往解释美国生产武器对日本的影响。研究表明，20世纪90年代中期日元的升值以及后来的贬值和大幅波动在东亚经济繁荣（特别是1993年至1996年韩国的产业）和1997年危机的初期（第十一章）发挥了重要作用。①

不难理解，在这样的条件下，欧洲国家在经历国际货币体系危机后，它们试图在欧洲货币体系内重新建立或多或少的刚性汇率，以使它们之间的相互关系远离那些不可预知的事件。欧元的建立标志着一个试图通过不断提升其国际重要性来实现一定程度自治，这也许能够对抗强大的美元。

美国霸权与其政策所造成的损害无关，而与这些损害的处理有关。政策的负面影响是一回事，处理能力是另一回事。在这方面，将20世纪80年代末银行、储蓄和贷款协会危机期间美国当局的干预与20世纪90年代末货币与金融危机期间国际货币基金组织的干预进行比较是很有趣的。

当高的实际利率摧毁了美国部分金融体系时，政府并没有试图避免部分金融体系（银行、储蓄和贷款）的崩溃——银行破产潮风起云涌（第十一章）。政府关注的是其他方面——如何防止金融业的龌龊向非金融部门扩散。人们不会忘记20世纪30年代。干预在于使要赔偿客户的大量资金置于存款保险制度的支配下。这些资金与以前用于此目的的数额不成比例。没有这种补偿保证，众多企业的破产会引起不信任，最终会陷入恐慌，还可能动摇其他金融机构，甚至使经济陷入混乱。美国政府关注其财政、公司以及经济的稳定状况。

我们已经勾画了一个由相互矛盾的利害关系组成的微妙组合。一方面，利率上升被看成货币和金融体系改革的动力。大萧条后建立的体系的某些方面被取消（如利率的调节）了，而另一方面，如存款保险和管理却加强了。这种整顿在不危及金融体系的其他部分和总体经济活动时是很有必要的。在强大的国家支持和以牺牲在美国被同情怜悯的穷苦纳税人的代价下，与整顿有关的一切在头脑中完全形成了。

这种关切与资本主义大都市外部灾难的处理形成鲜明对比。无论是对20世纪80年代初利率上升之后的外围国家，还是在接下来的10年里陷入全球化危机的国家，金融危机对国外实体经济的影响很大。谁会

---

① 出口商品的价格和GDP的价格实质上是不同的。图2.1中所表示的日元与美元的汇率没有在美国和日本间全面的、具体的竞争中体现出来。在汇率条件恶化之前，直到20世纪90年代，用美元表示的日本出口商品的相对价格一直保持不变。在评价这种发展时，人们要分别评价什么样的技术进步和余额限制是可能的。

关心处于中心的问题呢？除了这些国家的官员外，还有谁来阻止货币冲击给经济带来的不稳定，进而加剧或使失业和贫困更加恶化呢？没人。美国在国际金融机构的帮助下，只关心什么时候由中心扩散的危险变得更险恶以及什么时候危机已经很严峻。①

相反，美国抓住了强化和扩大新自由主义秩序的机会，它延伸至其它未曾控制的地区。国际货币基金组织和世界银行等国际机构都朝这个方向努力。它们很少展开行动来避免金融危机给经济活动带来的毁灭性的影响，而是尽其所能地加强美国对世界金融的统治并捍卫美国的利益。一切都在那里：克服危机必须和加强美国金融霸权一致。这是双重或三重的新自由主义游戏引人注目的地方——声称确保结束危机，以自己的方式结束危机而不用太在意给其他人带来的损害，期待新秩序的出现能确保美国的特别是金融的利益。20 世纪 90 年代末中心国家的记录令人印象深刻：一个金融化的社会，不断增长的金融收益，利好的股票市场和获取最高收入的机遇。

人们想知道政策执行过程中人们对它怀疑的程度。② 美国已经意识到外围国家无法承受利率的上升和加在欧洲经济肩上的重担。美元危机和后来的货币和金融放松管制究竟是如何精心展开的；什么是防御性态度和进攻性态度之间的转换？1997 年金融危机后，美国阻止能促进东亚国家稳定的日元区形成的动机是什么？③ 为什么美国不反对欧洲的经济建构和创造单一货币？④ 专家们将在可利用的档案的基础上分析这些事件的每个阶段并进行辩论。显而易见，在我们分析的层面上，主观或客观的程度是次要的，只有结果才是重要的。

与其他国家不同，美元作为世界货币最显著的表现之一就是美国不用平衡其对外贸易账户，而且敢冒贸易赤字的风险。当美国的支出超过它的收入时，它可以毫无困难地从国外获得融资。世界各地的债权人直到现在都很乐意为美国延长信贷，外债的增加似乎并不是威胁——它并

---

① 参见约瑟夫·斯蒂格利茨的观点（栏目 22.1）。
② 参见 Peter Gowan 在《全球博弈：华盛顿为了世界霸权进行的浮士德式交易》中列出的具体的、令人乏味的账目，伦敦：Verso 出版社 1999 年版。
③ R. Altbach：《亚洲货币基金建议：日本地区领导层的案例研究》，《日本经济机构报告》，1997 年 47A。
④ 回顾一下，我们可以把 1974 年原油价格上涨加在这个列表里，在这个列表里一些观察者发现美国尝试削弱它的竞争对手，尤其是日本。Gowan：《全球博弈》是其中之一。

第十二章 霸权主义下的全球化

没有使美国当局担心赤字的程度。没有什么能强迫制定限制性政策来限制其进口和结构性贸易赤字。穷人必须节俭，但有钱人却可以奢侈。这种不平衡可以维持在哪一点上是另一个问题。

缺乏外部约束表明当代美国经济的一个突出特点：当很少有储蓄或者根本没有储蓄时，美国仍有增长和积累资本的能力。

从整个国家层面来说"无储蓄"意味着什么？商品和服务的购买可分为两个主要部分：企业的投资和所有其他的购买（特别是家庭和政府的消费，家庭购房和政府投资）。我们从全球角度看，计算储蓄是从一个国家的总收入中减去全部支出而不是公司净投资，因为我们感兴趣的是一个经济体能使其生产设备增长的能力。①

图12.2根据上述定义描述了美国的储蓄率和公司投资与总收入的比率。这两个比率在20世纪80年代初期均下降。自1975年以来，特别是1982年以来，美国公司的投资已经超过全国储蓄。这怎么可能呢？答案很简单：多亏有外国人融资的保证（栏目12.1）。

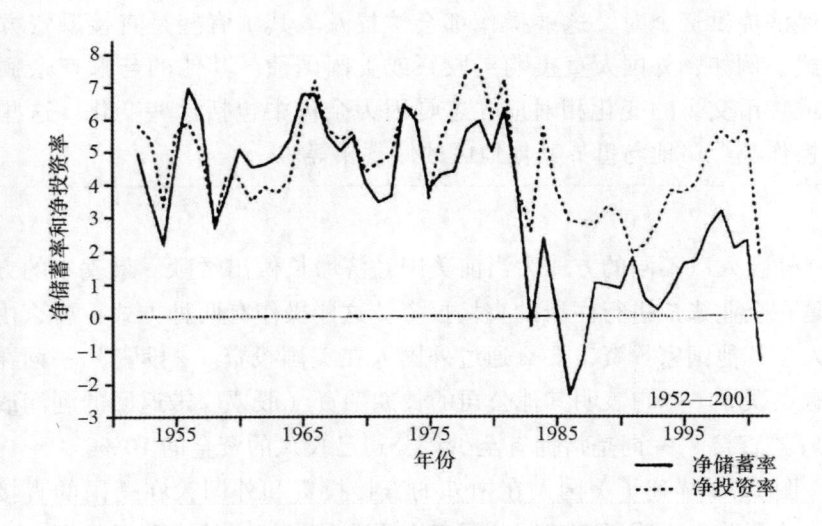

图 12.2 净储蓄率和净投资率（%）：美国

注："净"在这里是指扣除固定资本折旧之后。

---

① 从严格意义上讲，储蓄一般定义为收入和消费之差，与本书用到的储蓄相比，它是一个更广泛的定义。例如，在法国，对家庭来说，一般定义上的储蓄是指为购买房屋进行融资但并不算作消费的部分，我们的定义用于家庭，与财政储蓄是一致的。

> **栏目 12.1　支付的非均衡性**
>
> 　　近年来美国投资超过储蓄的部分（图 12.2）导致美国的国际收支赤字。
>
> 　　首先要考虑的变量是外贸收支（出口减去进口）。在我们使用的定义中，由于储蓄等于收入减去除企业投资以外的所有支出（商品和服务的购买），可以很容易地推断，美国的总支出，包括企业的投资，比国家的总收入多。从商品和服务的角度来看，这意味着美国进口大于出口，从而形成贸易逆差。
>
> 　　而且，美国必须支付给外国人一定数量的货币（利息、股息等）和进行转移支付（如对其他国家的军事援助）；相应地，美国也从这种流动中获益。加入这些流量中的进口和出口未实现收支平衡，不同之处被称为与美国有关的世界其他地区的储蓄或资本账户表。
>
> 　　一系列的金融活动与这些储蓄相对应。当断言外国人为美国经济提供资金时，这些操作都会被提及。其中有些是直接融资方式，例如，外国人直接购买股票或美国国债。其他的与账户余额或货币交易的变化相对应，这是因为余额中包括这些变化，这些操作都严格地与世界其他地区的储蓄相等。

　　外国人以不同的方式为当前美国经济增长做出贡献。最基本的方式就是在企业账户进行注册的直接投资。这些操作有两种方式：要么由美国人在其他国家投资，要么通过外国人在美国投资。"投资"一词在这里有点误导——它表明其他公司的长期融资（股票、未返回的利润或信贷）；"直接"一词是指拥有至少该公司已投入的资金的 10%。

　　图 12.3 描述了美国人在国外的直接投资和外国人在美国的直接投资。该图首先表明所有美国公司正在吸收越来越多外国公司的资金，外国公司亦然。[1] 这些发展表明经济的日益国际化，这是一种早有的、持续的现象。资本流动的规模在两个方向上都是相当可观的。20 世纪 90

---

[1]　财政天堂的增加模糊了这些结构，参见 R. 巴兰《努力拥有你的蛋糕并吃掉它：国家体系如何以及为什么创造了离岸现象》，《国际研究季刊》1998 年第 42 期，第 625—644 页。

年代，资本流动的规模相当于美国非金融公司在国内的投资净额（1950年，美国对外直接投资相当于国内投资的 1/10，外国人直接投资的 1/100）。直到 70 年代末美国仍然是资本净输出国。

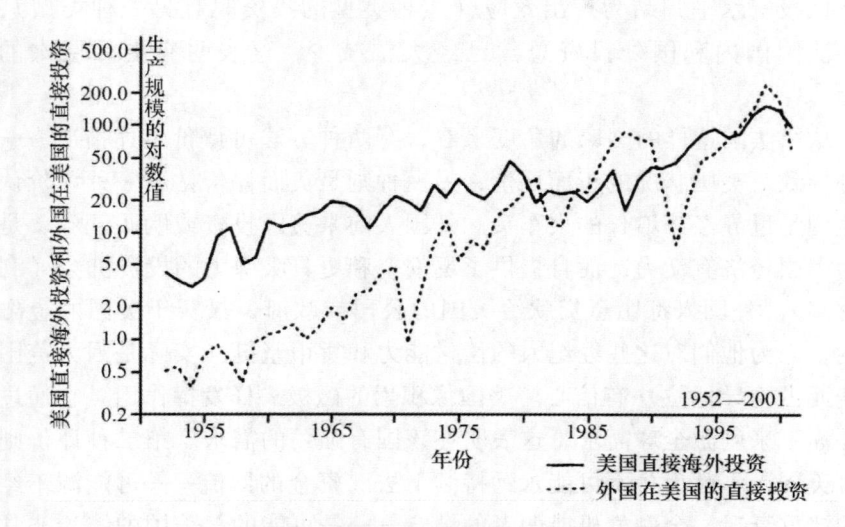

图 12.3　美国直接海外投资和外国在美国的直接
投资（以 1996 年 10 亿美元计算）：非金融公司

美国对外直接投资的资金量和流向美国的资金量之间缺口的显著缩小是美国外部失衡扩大的一种解释。在这里，我们看到使美国越来越依赖外资的结构变化。

这些直接投资并没有割断美国和外国人之间的所有财务关系。外国人持有在美国的账户，他们从美国人那里买入证券或出售证券给美国人，从而持有债权和债务。这些流量在美国间接地为资本积累进行融资（栏目 12.1）。

尽管美国是法国海外金融业务的一个不太重要的目的地，但法国发现自己处于一个对称的位置。自 1985 年以来，法国对外直接投资已经超过了外国人在法国的直接投资。1992 年到 90 年代末，法国净储蓄（国际收支）为正值。

毫无疑问，如果法国把输出的资本投资到本国，法国的积累和就业就会受益。我们在第九章注意到，资本输出是解释积累率低的因素之一，甚至与留存利润率有关（图 9.6）。从 1970 年到 1985 年，法国对外直接投资和外国对法国投资的差额只占净投资的 0.2%，也就是说，几乎为零。然而，从 1986 年到 1997 年，这些投资达到 25%。这个百分比很大。在全球范围内把法国投资的疲软归因于资本输出是不可能的，可将低投资水平归结为挤出效应（一种类型的投资驱赶另一种类型），因为法国国内和国外投资总额已经大幅减少，这表明有更深层次的原因。

从像法国这样的国家的角度来看，有两种方法可评价上述情况——一种导致对美国状况的正面评价，另一种则是负面评价。第一种评价认为美国是世界经济增长的火车头。外国人前来美国投资或购买证券，是因为美国经济有活力，而且提供了更安全和更具吸引力的投资机会（利润率高）。外国人都愿意贷款给美国的公司或政府，投资于美国的金融机构，因为他们对这些经纪人的偿付能力和货币坚挺（实际是因为美国和美元占主导地位）有信心。美国像积累的磁极一样发挥作用。它通过对外赤字来刺激全球需求，这表明在该国有强劲的需求。第二种评价则断言美国人不敷出，不可能永远持续下去。资金的回流——可能源于经济的严重衰退、金融危机或两者的结合——是可能的。美国的统治非常强，但不是绝对的；美国通过一切可能的手段维持其统治的重要性很容易理解。

如同希法亭和列宁分析的那样，帝国主义的传统特征之一就是资本输出。[①] 新自由主义全球化似乎重新定义了这个问题。相反，经常被提到的表述美国统治地位的说法是目前美国处于资本输入国的地位。相应地，法国似乎是资本输出国。考虑到结构性危机中发生的失业潮，与结构性危机中失业潮发展有关的问题用新的术语表示出来了。输入资本将成为一个国家雇佣劳动力的手段；资本输出将延长失业。

然而，当前形势的复杂性不能否认在全球攫取剩余价值所扮演的角色。为了表明这点，记载由投资产生的收入和与之相伴的金融活动是有必要的。

---

① R. Hilferding：《金融资本：资本主义发展的最新阶段研究》，1910 年著，伦敦：Routledge and Kegan Paul 出版社 1981 年版；V. 列宁：《帝国主义：资本主义的最高阶段》，1917 年著，北京外文出版社 1973 年版。

第 十 三 章
金融化：神话还是现实？

　　新自由主义时代是金融的一部分。在经济出现相对衰退的一段时间之后，金融强加它的规则于经济之上，或者更准确地说，金融再次强行推行其规则。不是从一般经济而言，而是从单一的金融角度看，这种接管会产生什么影响呢？在权力控制的这些年里，在新的格局下，金融活动经历了特别的发展了吗？人们经常用"金融化"这一术语确切地表达这些问题。金融化的经济中，我们转向金融业务和金融制度。这一章采用金融部门、家庭和非金融公司这些金融代理的观点。逐个考察这个问题的主要层面。

　　最初实施金融化的最直接方式是考察金融部门的发展。美国统计数据区分了实际金融公司和基金——互惠基金和（私人的和公共的）养老基金，这样做的目的是给退休养老金融资[1]。在美国，从严格意义上讲，金融公司在新自由主义时期迅速增长。图13.1描述了这些金融公司的资本净值与非金融公司的资本净值之比的变化过程。金融公司资本净值与非金融公司资本净值之比在结构性危机过程中呈下降趋势，由1968年经济危机前的最大值17%下降到了1982年的12%这个最低水平，1999年升回至23%。至于基金，它们的增长也令人吃惊。图13.2用共同养老金持有的基金与非金融公司资本净值之比描述了基金的增长状况。通过这种测算方式可得，1952年基金比非金融公司资本净值少10倍；1999年它们几乎达到了两倍的大小关系（比值是1.70）。[2]

---

　　[1] 对于法国来说，有必要使机构投资者，如可变资本投资公司（SICAV）和公募基金（也称共同基金，FCP）与其他金融公司脱钩。

　　[2] 尽管基金持有的债券股份的比例有大的波动，但自20世纪50年代以来，其一直稳定地维持在37%左右，这反映了股票市场价格的部分状况。

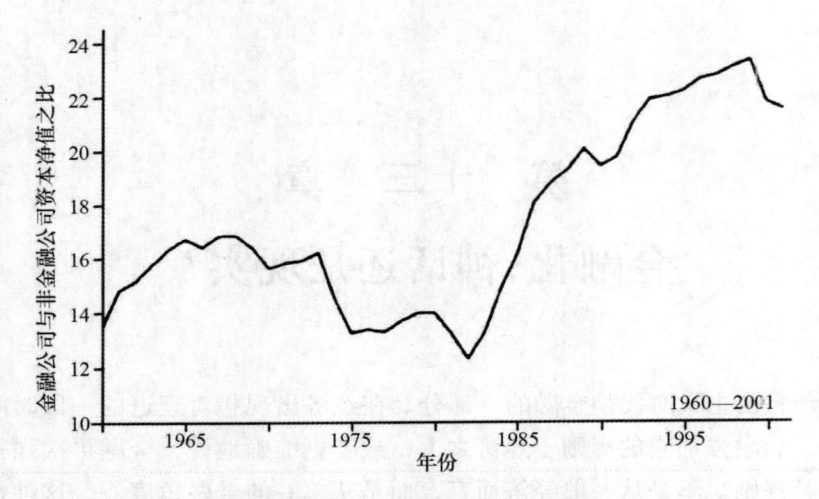

图 13.1　金融公司的资本净值与非金融公司的资本净值之比（%）：美国

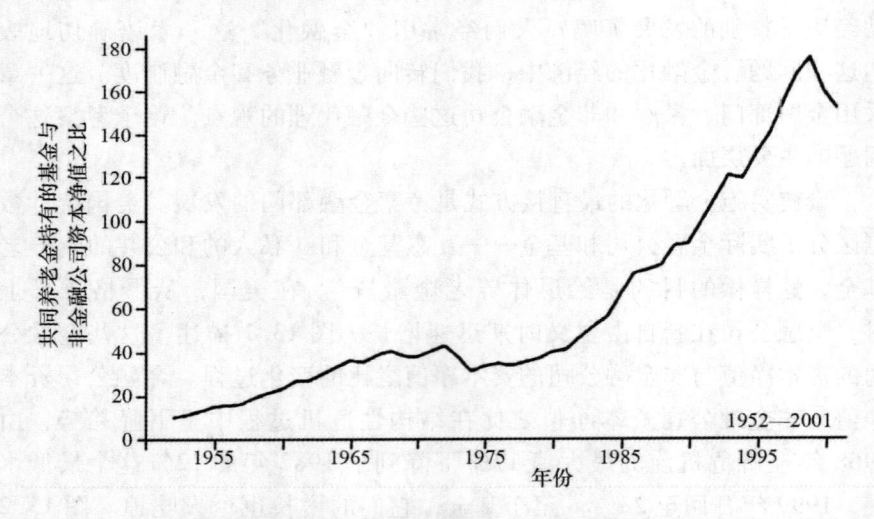

图 13.2　共同养老金持有的基金与非金融公司资本净值之比（%）：美国

从严格意义上说，对于美国金融公司而言，20 世纪 80 年代的改变是很突然的，它们的相对重要性在 20 世纪 70 年代相对有所减弱。正如图 13.1 所示，金融公司资本净值的相对上升使它们达到前所未有的水平成为可能，至少达到战争以来的水平。还有，投资基金的增长反映了一个长期趋势，这个趋势在新自由主义时期得以加强，但其实已经有一段时间了（在美国，这些基金的规模在 1952 年到 20 世纪 70 年代期间扩大了

4倍)。这些金融机构的想法使它们将不断增长的金融化的特点归因于新自由主义。这场最重要的游戏的参与者是机构投资者。

家庭并不是仅有的基金投资者,但他们是主要的代理人(在美国家庭持有全部养老基金和2/3的共同基金)。我们现在讨论他们。

无论是直接还是间接通过中介机构投资者,家庭拥有更多的股票吗?他们其它的金融资产怎样呢?图13.3和图13.4描述了法国和美国家庭所持有的占收入百分比的货币和金融资产的变化状况。总体来说,1997年,法国家庭拥有用资产形式表示的近3年的收入,而美国家庭则是4.5年(必须强调的是,这些数字记录的是家庭持有的金融资产,不包括个人公司的价值)①。这些数字将人们所持有的资产分为两部分:股份及其它资产,即其它证券及流动资金。

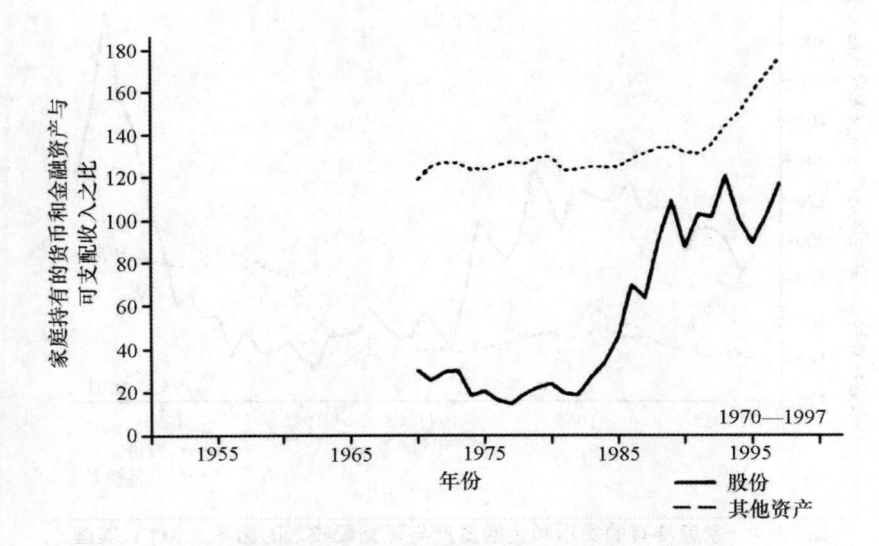

图13.3　家庭持有的货币和金融资产与可支配收入之比(%):法国

注:可支配收入是一种收入,它随社会收益、更少的征税(为法国支付的利息)的增加而增加。股份和其它资产可以直接被家庭持有,也可以以投资基金的形式持有。

---

① 罗伯特·博伊最近研究的中心课题是当代资本主义的多样性。在一个关于金融化的研究中,参见《21世纪的两个挑战:金融监管与全球化组织》,《金融技术与发展》1998年第53期。他强调了国家间的差距:"美国经济金融化的程度是异常的",他为1997年描绘的情景呈现了一个比我们之前所衡量的更大的差距。根据他提供的资料,股票债券财富与可支配收入之比,在美国是1.45,在法国是0.2。

从图 13.3 可以看到，法国家庭拥有的法人股似乎经历了较强的增长。① 与表面相反的是，这个增长并不能证明 20 世纪 80 年代出现了快速金融化。这种增长来源于一个叠加的、渐进的且不断增加的趋势和一个大范围的波动。这个趋势反映了相对于个人公司股份公司的增长（直接被家庭所拥有）：因为公司的地位改变了，所以家庭拥有越来越多的股票，这反映了产权形式的结构性变化。公司规模的发展相当大。1970 年，即图 13.3 中的第一年，个人公司和非金融公司的固定资本比率（除了住房）基本上接近 1——两种资本的数量是相等的。1997 年，这个比例跌到了 0.27。围绕着趋势频繁波动是 20 世纪 70 年代处于低水平状态及随后的上升。

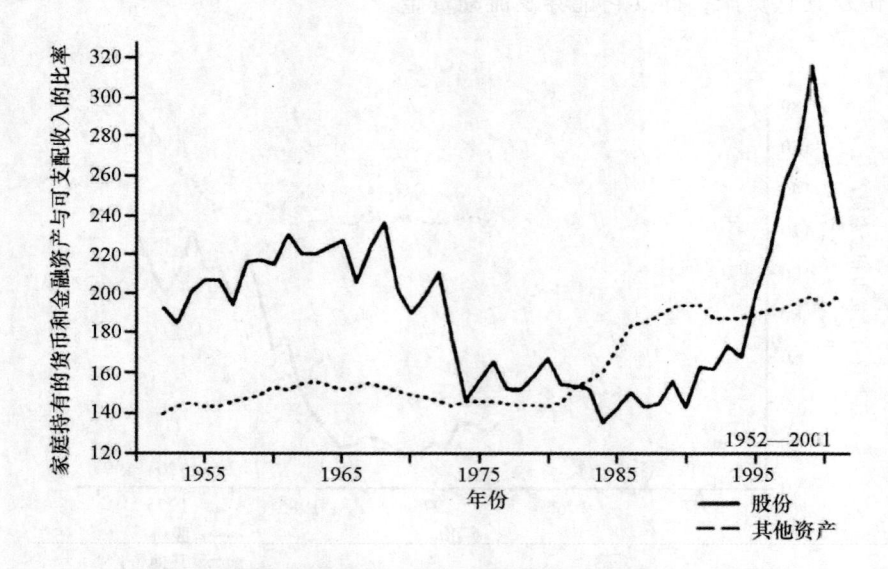

图 13.4　家庭持有的货币和金融资产与可支配收入的比率（%）：美国

对公司来说，美国清晰的轮廓与图 13.4 是不一样的，这是因为公司内部的发展是适度的。这次转型在第二次世界大战前基本都完成了（与个人公司相关的公司的扩张的差异部分地解释了为什么美国人比法国人拥有更多的股票——因此，拥有更多的金融资产）。我们观察到，

---

① 这里提供的曲线图截至 1997 年，关于本章主题的长期的统计数据正在准备阶段。参见 A. Friez 和 P. Branthomme：《1995—1998 金融交易全景》,《法国银行界》，巴黎 2000 年。

在美国也有类似于法国的巨大的震荡，但是对于刚刚表明原因的水平线却显示了在崩塌之前的最后几年里的迅猛增长。这些波动同时也反映了股票价格的波动。① 一个很重要的变动在这个图中是看不到的——股票持有者直接转向了机构的投资人。

在这段时间的后期，两个国家的家庭都比之前拥有了更多的、更安全的流动资产而不是股票——20世纪80年代后期的美国和20世纪90年代中期的法国情况是一样的。与其他家庭、国家或公司相比，这种增长表明部分家庭作为债权人的角色得到了加强。这种两极化是新自由主义时期特有的。

因而，从家庭角度看，金融化似乎是温和的和过时的。尤其在法国，公司所有权形式的改变（个人公司变成企业）已经反映在了公司股份数额的增长上。除了更多地转变成机构投资者，这在美国已有很多年了，仅有20世纪90年代后期股票价格的上涨似乎是新自由主义的特征。然而，自从20世纪80年代，其他的投资也开始多起来，即所谓真正意义上的信用（它们或者被直接拥有或者通过基金拥有）。从全球范围看，想在家庭拥有不断增加的货币和金融资产中发现新自由主义的显著特征是很难的（栏目13.1）。

栏目13.1　金融化累积的管理体制？

持有家庭消费或投资的股份所产生的可能影响难以被证实。普通家庭不会持有越来越多的股份，但可以想象到股票价格的变动会促进"财富效应"的产生——那些自我感觉更富裕的家庭消费得更多。似乎在1995年之前并不是这么一回事："【实际测试】发现没有什么证据能表明消费上存在重大的股价财富效应。因此消费增长与低迷股市回暖之间的强正相关性主要取决于股价变动的主要特征指标【在经济衰退期前股价会下跌】。"[a]

---

① 图15.4显示了股票价格，令人感到惊讶的是，图13.3所显示的20世纪90年代后半叶法国股票价格的增长并不明显。其原因是法国家庭拥有越来越少的股份（股份首先被法国非金融公司和外国基金持有）——与人们设想的"流行"或者"薪水股份持有"这样的主要方式相反。

1995 年到 2000 年间股价的上升和随后的下跌带来的可能的影响仍待分析。

所有的这些还不足以形成一个新的体系——在那里需求取决于股市而不再取决于"工资关系"[b]，然而，对于如何减缓股价崩溃显然已经成为货币政策的重要组成部分[c]。股价下跌对经济有显著的影响，尤其是对那些持有大量股票和相应"信誉"的金融机构和非金融机构而言。两个观点不应该被混淆：在积累框架内金融资产的增值和价格的上涨有利于增加需求；金融资产价格的下跌会动摇实体经济。第一个是值得怀疑的，第二个是可能发生的。

[a]. J. Poterba and A. Samwick：《股权结构、股市波动与消费》，《布鲁金斯经济活动论文集》1995 年第 2 期。

[b]. M. Aglietta：《明日资本主义》，《圣西门基金备忘录》1998 年第 101 期。

[c]. F. Lordon：《不断金融化的经济政治新日程》，G. Duménil and D. Lévy：《噩梦三角：危机、全球化、金融化》，巴黎：法国大学出版社 1999 年版，第 227—247 页。

在经济金融化的研究中，我们还必须考虑非金融公司。它们会遭受同样的转型吗？我们是否能说金融活动中包括非金融公司呢？

毫无疑问，法国公司在新自由主义时期增加了金融投资，而且这种投资增长迅猛。每一年这些公司都增加固定资产投入；它们的投资（这些资本的净折旧）提供了一种测量这种投资增加的方式，但是它们同样获得了金融资产，尤其是股票。图 13.5 表明了股票购买和净投资关系的演变趋势。这些购买实际上直到 20 世纪 80 年代初都是微不足道的。1997 年可称为爆炸性的年代，股票的购买是净投资的 3 倍多。公司现在持有大块的股份（1997 年，按照市场利率，它们等价于固定资本的 200%，然而 1970 年仅等价于 32%）。其他金融资产也同样增加了，其基本上与固定资产的增长速度一样但并非是转向金融的标志。持有股票会影响已拥有的股利的不断增长的流动性。1970 年，它们代表了 3% 的利润（税前利润和利息支付）；1997 年，这个比率达到了 43%。

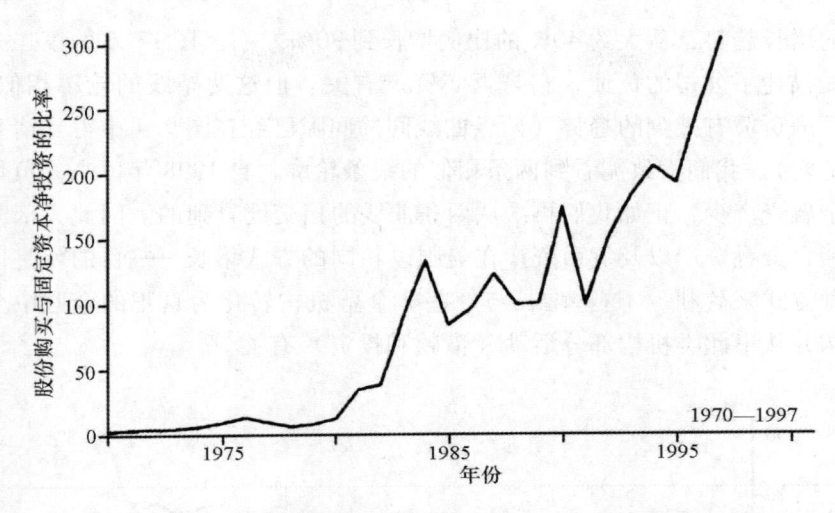

图 13.5 股份购买与固定资本净投资的比率（%）：法国，非金融公司

公司股权收购的增加表明共同所有权的成长过程，因为其他法国非金融机构发行了大量可收购股票。它们可能代表母公司所持有的股份，或者就是单纯的投资；非金融公司也可以持有金融公司或者外资公司的股份。自20世纪80年代法国的发展致使小公司或者被接管或者在集团内自我组织起来。[①] 股权收购的大幅增长还与1985年以来国外直接投资有关系。金融化的概念在这里有十分特别的意义——尽管区分实际控股和简单投资不可能，但国内和国际公司之间建立了相互依存的网络，这是新自由主义时代所特有的。

令人难以置信的是，类似的现象没有在美国或更大的范围内出现。但是，全国性的统计也不可能识别这种现象，因为在同一行业内持有的非金融公司的股份在账目中被取消了。[②] 不像法国公司，美国非金融机构增加了它们其他的金融资产。图13.6描绘了美国非金融公司的金融资产（这不包含部门发行的股票和行业中的其他公司持有的股票，还有相应的"信誉"）与它们的实际资产的比率的变化过程。这个比率有明

[①] N. Chabanas and E. Vergeau：《集团企业数量的爆发式成长》，《巴黎贝西区蓝皮书》1997年第130期。

[②] 国内会计的一般做法与法人会计的合并账目一致，它避免了重复记账的愿望。公司并没有因为一个公司拥有另一个公司的一部分而变得更富有。

显的增长趋势，从大约40%的比例增长到90%左右。图13.6的第二条曲线描述了公司的负债，它与真实资产有关。但这两条线的轮廓相似，尽管净负债有减少的趋势（两条曲线间的间隙已经在图9.4中得到清楚的证实）。我们大致能看到两条相似的线条轮廓，自1998年以来，负债比金融资产少，正如我们再次从两条曲线的相交处看到的。因此大部分负债、金融资产以及货币资产在美国以相同的方式增长——目的就是以这种方式来盈利。① 这些增长与一些非金融机构转化为真正的金融中介机构并从事此类机构部分活动（借款和投资）有关。②

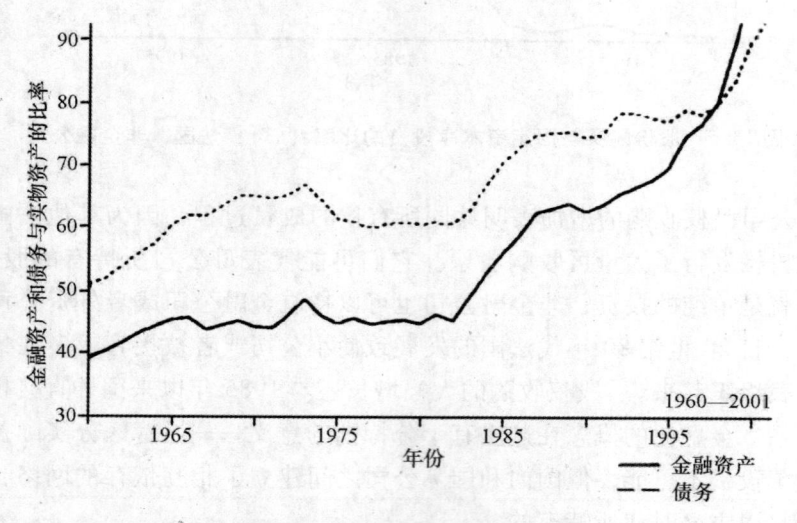

图13.6　金融资产和债务与实际资产的比率（%）：美国，非金融公司

这些分析导致经济金融化定义的产生，这虽然有些含义不清却并不是虚构的事物。最重要的是要把长期结构性发展从新自由主义时代特有的元素中区分出来。在第一个类别中，必须强调的是，在法国和美国，金融投资组合的增长反映了相对于个体公司而言一般公司的发展和股份的增加——一个长期的历史性的运动。而且，在两国一个更加先进的投资制度正在进行中——金融投资组合正在转向机构投资人。这种趋势也

---

① 只考虑公司的总债务，而不考虑公司的净债务来估计公司的债务状况是带有欺骗性的。由于总债务水平上升，公司被认为处于危险的高债务状况，这会导致公司陷入乱局。
② 一些大的非金融公司现在开始管理信用卡，银行也是如此。

是一种老的方式，但自 1980 年以来得到了加强。其他转型发生在 20 世纪 80 年代和 90 年代。首先，我们可以看到贷款的增加——普通家庭持有更多的贷款（在美国，家庭和公司借款贷款比以前更频繁了）。其次，在美国，购买力和公司持有股票的极度增长意味着公司间财务关系网络的建立，这在法国更甚。后者的发展通过与公司主要活动带来的与收入相关的金融收入的增加表现出来。最后，金融公司与非金融机构的传统界限正变得模糊起来。

第 十 四 章

金融支持经济吗？

将特定的融资渠道与金融化联系在一起可能吗？我们在之前的章节已经给金融化下了定义。金融对实体经济（非金融经济）的影响是什么呢？更准确地说，金融对投资有贡献吗？

当谈及增长时，这些问题促使与新自由主义有关的金融结构究竟是有利还是有弊问题的进一步研究。当前已经有了两种答案。不言而喻，金融活动利益的获得者属于新自由主义阵营。他们的争论非常简单：金融的首要作用就像它的名字一样，是为经济融资，它在这方面做得很好，就像投资人对风险资本的欲望所显示的那样（如同在著名的创业企业中）。在最理想的世界里，如果这些观点是可信的，那么公司利润都不应该留在公司里，而应转至股东或债权人，无论他们是个人或是金融公司，从而恢复对公司的自治权，以求实现公司资源最有效率的重新分配。如此以来，必须迫使管理者们服从一定的纪律；高利率和大量的红利成为经济进步的要素；一个强健的金融产业可以使整体经济都从中获益。相反，新自由主义的批判者则认为，金融活动使资本持有者从生产性投资领域转移出去，金融投资成为实际投资的替代者，这对实际投资是有害的。

我们已经知道这些问题的答案。它源于利润率和资本积累率的比较以及对新自由主义者们观点的反驳。首先，在资本积累没有达到一定值情况下，在利息和股息支付前利润率自20世纪80年代初有了明显的回升。其次，资本积累率与留存利润率（即利息和股息后支付的利润率）一致（具体分析可见图3.1、图3.2和图9.6）。这些观察意味着以利息和红利的形式分配的利润不会流回非金融部门以促进投资。

公司的资金可以有两种用途，即固定资产投资和金融投资。但资金的来源可分为三种（如栏目14.1）。固定资产的计提折旧如同留存利润一样是留在公司的，也就是说，是实现的而未分配的利润（总额是现金流）。公司可以通过发行新股或是借款募集资金。这些在新自由主义下是如何运作的呢？

图14.1中的曲线比较了三种资金来源对提高法国非金融公司控股的相对重要性。20世纪80年代标志着一个时代的终结。在20世纪70年代，公司通过非常有规律的方式募集资金，其中55%来自借贷，39%自筹（通过它们的现金流），剩下的6%通过发行股票。新自由主义时期出现较大扰动，但在过渡时期结束时，在一个与之前完全不同的比例上趋于稳定——图中所示的最后三年（1995—1997年），自筹资金的比例提高到65%，通过发行股票募集资金的比例达到23%，而来自借贷的资金则下降至12%。

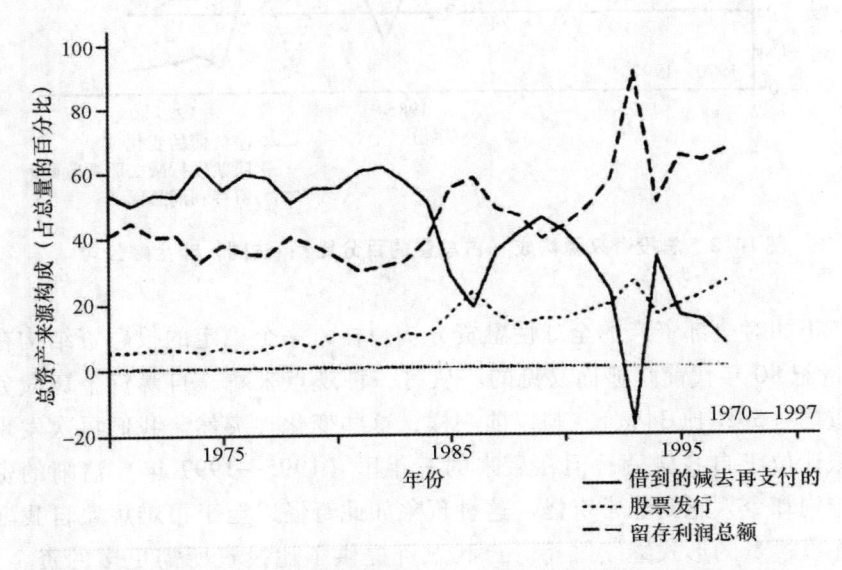

图14.1　总资产来源构成（占总量的百分比）：法国，非金融公司

因此，不足为奇，假定利率上升，新自由主义时期的特征就是逃避借款。我们已经记下了这个下降的趋势（图9.4）；现在我们知道它导致自我融资的上升。股票的发行量也因此增加了约四倍。

这些融资用作什么呢？它们真的有助于生产性投资吗？当公司同时

发行或购买股票，或者同时借贷款时，它们并非向真实的活动融资——只有购买或贷款外的剩余部分才用于实际投资。图14.2描绘了法国非金融公司总投资的资金来源组成：总留存利润、股票发行少于股票收购的部分和净债务（与债务减去股票之外的金融资产不同）。

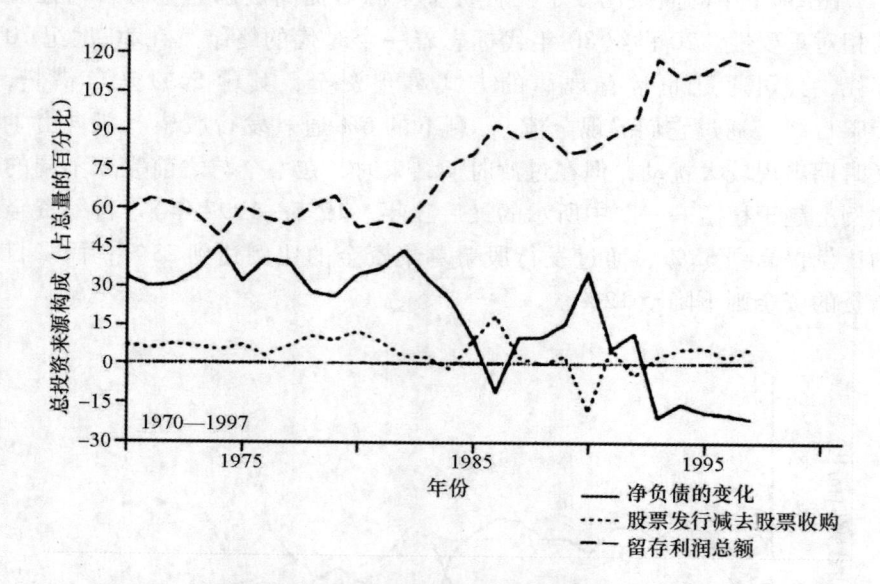

图14.2　总投资来源构成（占总量的百分比）：法国，非金融公司

正如对全部资产的全球性融资分析一样，一个稳定的投融资结构在20世纪80年代前是显而易见的。从另一种观点来看，自筹资金比债务更重要（59%比34%）。与以前一样，这些变化很突然。我们再次发现借款让位于自我融资，但在后来的三年里（1995—1997年）清晰的资金结构却令人感到非常奇怪。这种现象如此奇怪以至于很难想象自我融资能以过量的形式继续维持。自我融资提供了比投资所需更多的资金，或是说115%的投资。贷款的贡献是负的：公司用其内部资金而非投资减少债务。

与新自由主义传播者试图让我们所相信的相反，股票市场对投资的净贡献是很低的——股票发行仅能为5%的投资融资。越来越多的股票发行了，而公司购买的其他公司的股票也越来越多。这些股票的发行和持有往往相互抵消，所以来源于股票市场的资金不会为实体活动融资。

换句话说，在金融化的逻辑下，公司发行股票是为了购买股票。

人们可能认为这种结构特指法国，而不能反映新自由主义的堡垒美国的特征。这种观点是没有意义的。如同前面的图示一样，图14.3分析了同一时期美国总投资的融资情况。通过比较图14.2和图14.3，最初的差异就显现出来了：美国自我融资的数量。但股票市场的贡献率与在法国一样，非常有限。自20世纪80年代初股票的净发行量就没有增加，与先于新自由主义时期那些通行的比例相似，甚至更低。

虽然图14.3中所显示的规模使它们的重要性变得很小，但要注意20世纪80年代和90年代初期股票发行与借款的大幅波动，特别是20世纪80年代后半期股票净值呈负值水平。1984—1990年，许多非金融公司从其他代理处购买股份，与此相对应，它们求助于借款获得购买股份的资金。在这期间，投资保持自我融资方式。这些从其他机构，特别是从家庭购买股票的美国非金融公司呈现各种现象：一个公司回购自己的股票，在合并或收购或仅仅投资时购买股份。国民经济核算数据不能决定它们间相关比例，但无论它们购买股票的目的是什么，这些大量的买进都表明新自由主义时期出现了金融关系的巨大调整，这可能与20世纪80年代的金融危机有关，但没有带来全球股票市场的繁荣。

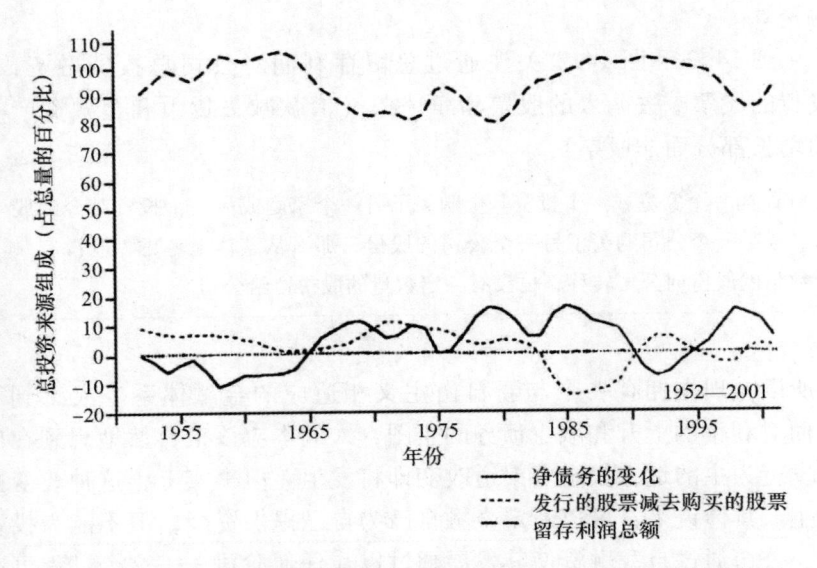

图14.3 总投资来源组成（占总量的百分比）：美国，非金融公司

> 栏目 14.1　公司融资的来源：对图 14.1、图 14.2、图 14.3 的评论
>
> 　　在年度报告中，公司所有物的计算可通过加总它所拥有的每一项资产——实物资产（工厂、机械设备、存货）、货币和金融资产（债券、流动资产、信贷）。所有这些构成资产。一旦扣除债务，我们就得到净值，也就是说，不是借来的资本。
>
> 　　可以区分两种融资。内部融资（总留存利润或现金流）自身有两个组成部分，即计提资本折旧和未分配给股东的利润。融资程度依赖于盈利能力和利润分配给持股者的比例的大小。外部融资也有两个组成部分，即借款（一次性的完成偿付）和股票发行（减去已回购的本公司的股票）。这些与金融投资资金来源（加上真实资本）和货币与金融资产的增长不同（包括购买的股票）。
>
> 　　在融资分析中，人们还可以从一个最终的结果来看。从股票发行看，被减去的是在其他代理处（家庭或是基金）购买的股票[a]；从借款看，被减去的是所购买的金融资产而非股票。
>
> 　　图 14.1 关注公司资产的全部组成部分的融资总额。法国的三种融资方式已被考虑——总留存利润、股票的发行和借款。这些来源为总投资、货币和金融资产的增长，包括股份的持有进行融资。
>
> 　　图 14.2 和图 14.3 关注通过总留存利润对公司总投资融资，发行的股票减去购入的股票和净债务（借款减去货币和金融资产的增长部分而非股票）。
>
> 　　a. 当一个家庭或一个投资基金购买了另一个家庭或另一个投资基金的股份，或是一个公司购买了另一个公司的股份，那么从整体上考虑，既没有一定数量的股份向公司转移，也没有一定数量的股份留给公司。

所以，现在拥有一个与新自由主义相适应的金融体系令人感到不安。面对利率的上升和减少债务的企图，人们本应该很自然地想到在以股票发行为主的地方投融资渠道改变即将发生。但事实上，这种改变并未发生。具体说来，可以断定金融自己为自己提供资金，但不能为投资融资。公司通过自我融资使其发展超过以往任何阶段——这个过程可以看作是 20 世纪 60 年代的特征。资金以利息支付、分红或是极少返回股

票回购的形式离开公司——或者即便资金回到公司，它也是用于除投资外的其他目的。①

是什么造成了如此多的资金离开非金融公司而不再返回？可供我们参考的一个基本答案是，这些资金通过公司以外的其他机构为商品购买和服务融资。得到利息和红利的家庭可以用它们来消费或购买住房。这些资金的另一部分没有被得到它的人花掉，而是用于金融投资。与此相关，其他一些代理机构通过借钱——家庭（特别是在美国）、国家为赤字融资和外国人（与资本出口相对应）——或金融机构发行债券（正如它们的资产净值的显著增长）。②

应强调指出的是，直接投到资本市场或是金融机构中的大部分资金并不能决定经济的信贷规模。③ 为实现整体的主要目标和从未关注过的总体价格水平——抑制通货膨胀，是货币政策通过利率控制信贷总量的时候了。还有一点要补充，除美国外的所有国家，平衡贸易收支的必要性强化了新自由主义的货币政策的重要性。

在这个分析中，人们应该理解被支配的易受强大的外部约束的国家（如法国）和占主导地位的国家（如美国）之间的不同。在第十二章我们比较了美国的收支赤字和法国的收支盈余。美国赤字可能更多地与刺激家庭购买的信用有关。进口的额外需求似乎与美国通货膨胀论者的特征相一致。在法国，家庭和政府借款的增加没能补偿投资信贷的减少——所以有了盈余。

从我们对美国的调查情况来看，很显然，新自由主义在允许对公司投资进行融资的同时开始支持家庭和国家的负储蓄——一种不同寻常的状况，一种具有两种支配权的产品，即金融，在国际层面上则是美元。我们最终陷入美国式的新自由主义结构：一般地，那些金融部门具有很

---

① 这些分析只从总体上考虑了对公司的影响，随着资本从某一公司流出而为其他公司的发展做贡献时，这样的分析也许会隐藏大部分多样性。在这样一个事例中，金融在资本再分配中发挥了作用，这和它对全球财富积聚的负面形成鲜明对比（风险资本的发展是这种流动性的一种迹象）。

② 我们已经举例说明了这些多种多样的演化：(1) 尽管无法区分非金融公司的信用和其他投资，但是家庭持有的债券而非股票在增长（图13.3 和图13.4）；(2) 美国家庭借款的增长（图10.4）；(3) 预算赤字（图10.1 和图10.2）；(4) 美国资本输出（图12.3）；(5) 金融机构净值的显著增长（图13.1）。

③ 银行或准银行业务机构同时创造了信用和货币。

大的权力的国家的家庭和拥有养老金的国家（栏目 14.2）支出多储蓄少——它们不能阻止积累。

栏目：14.2　开辟新的融资方式？员工储蓄悖论

　　美国互助养老金几乎没有结余的事实被称作"员工储蓄悖论"。新自由主义社会，尤其美国社会显然在这些领域没有开辟出有前途的道路。支持养老金的最能让人接受的观点是，未来退休者对未来商品所交的税应通过目前生产潜力的积累获得，目前，未来退休者的储蓄用于融资[a]。人们认为美国能通过建立养老金刺激储蓄。现在美国储蓄率很低。尽管美国的经历表明这项行动是失败的，但仍有许多人认为是成功的。

　　由如何为退休融资的问题而引发的真正的挑战是经济的发展——这是一个直观的想法。[b] 没有必要求助于马克思的劳动价值理论去领会一个事实，即退休人员所消费的物品和服务是由那些工作的人来生产的。

　　在讨论的背后，政府有另一个比先前更具有决定意义的战略选择。美国基金只包含一部分人口[c]。可选的补充基金，诸如在法国所设想的，应具有相同的特征。在实际应用中，危险是建立双重的、非常不公平的退休养老金体系。

　　a. 诸如此类的观点得到米歇尔·阿格里埃塔的支持（《明日资本主义》，圣西门基金备忘录第 101 期，巴黎，1998 年，《人口冲击与退休体系》）。

　　b. 这个要求和另一个事情共生，从某种程度上说，它远离了第一中心——不断增长的生产力。

　　c. 1998 年仅有 48.8% 的美国家庭拥有养老金，接着就是十分清晰的等级：6.4% 的家庭年收入不足一万美元，88.6% 的家庭年收入超过十万美元〔A. 肯尼克尔、M. 斯塔尔－麦克卢尔 and B. 瑟特：《近期美国家庭收入变化：结果源于 1998 年消费者收入调查》，美国联邦储备委员会通报（2000）：1－29〕。

　　金融依据自己的规则发挥作用。在新自由主义时代，金融不但自我膨胀，而且被重新部署。在由寻求利润最大化构造的复杂的网络中，金

融资本将自己置于最具优势的位置。当金融发挥作用的时候，它总不向实体经济融资，当它通过利息支付和大量的红利分发减少了可用资金的数量的时候，它迫使公司再次专注于自筹资金。在占主导地位的国家的一般框架下，美国将自身置于一个特别的、更受人欢迎的位置，它具有排外权，这个权力是不能外移的。

第 十 五 章

谁从罪行中获益？

正如前几章所言，金融对 20 世纪 70 年代结构性危机的回应十分消极。的确，这一论断应该得到印证，我们将回到此论断上。当时，主要存在两大争论：第一，资本持有者通过实际利率的上升和巨额的股息分红，攫取高利润率带来的收益，其中工资的让与扮演了重要角色。而这些收益没有刺激储蓄，也没有促成资本积累，更没有回到生产系统中，这些被攫取的收益反而加强了财富向金融的转化。这一现象加剧了危机和失业。第二，一系列在中心和外围国家发生的后果严重的危机可以看作是新自由主义负面影响的一部分。

结构性危机负面影响的扩大以及金融危机不能简单地完全归因于1979 年利率的走高。新自由主义的诸多方面，例如货币数量的波动和资本的自由流动都应考虑在内。无论如何，这些问题都不能归因于所谓的市场机制（利率的升高）或不可避免的结构性调整（资本的流动）。其中包括一个更普遍的蓄意挑战。这些严苛的判断诠释了本章题目中的"罪行"一词。

资产负债表背后反映出的颇有争议的问题与金融的有用性或其寄生性有关。金融是可以创造收入还是仅仅占有收入？这些问题是政治问题，问题的答案使我们或明或暗地求助于小部分会计准则、理论观点，以及不可忽视的事件（栏目 15.1）。

> 栏目 15.1 金融创造收入吗？创造价值吗？它有用吗？
>
> 对金融机制的本质充满困惑。金融认为自身创造财富。事实是怎样呢？

这本书大量使用国家会计记录，它一方面区分了金融部门提供的服务，另一方面区分了它获得的利息支付或股息，前者计入受益者一方（如申请一笔贷款或购买另一种通货的成本）。根据该记录的通常做法，只有第一部分具有生产性并创造收入。至于利息支付或股息支付，这笔收入可看成向债权人或股票持有者的"转移"。

转移没有任何问题。当银行向公司提供一笔贷款的时候，银行索取利息，也就是转移（公司——译者加）利润。[a] 这种操作什么也没有创造出来。借贷资本与非金融公司的资本结合且侵吞后者的利润。这种信用操作的增值对生产和收入未产生任何影响，但它参与收入的再分配（尽管这种贷款使产出增长成为可能）。当一家金融公司给另一家公司提供贷款的时候，利润在金融体系内由一个人手转向另一个人手。

除了公司以外，借出者通过给国家和家庭发放信用以寻求收入。通过税收和对家庭收入征税。所以我们不应将自己局限在这种观念之中，即金融收入不是公司创造的利润直接转移的结果。从某种程度上说，公司纳税，国家作为债权人间接享受了这些利润；从某种程度上说，家庭为工资支付了税，例如，这意味着国家对一项新的剩余额征税。

在资本低盈利时期，其他种类的税收显得格外重要。税收似乎具有可获利性，家庭贷款使资本所有者寻找利润成为可能，而这些利润不是生产体系中创造的。

正如国家会计记录的一样，马克思的理论将利息和股息看作收入的转移，而生产居于特殊的地位。它与劳动力有关，生产产品或生产服务的工作唯一创造价值。马克思的理论指出其他类型的工作，诸如工厂的监视或全部商业活动不进入劳动力行列。这些是生产所需的成本或资本循环所需的成本。它们并非没用；它们的作用在于使利润率最大化。从较为宽泛的意义上说，它们在履行"管理"任务。

在这个理论框架内，全部的金融活动都是非生产性任务的一部分；金融不创造价值；它的利润是源于其他地方创造的剩余价值的再分配。不幸的是，国家会计记录使区分创造价值的劳动和利润率最大化的活动成为不可能，这与马克思的理论大相径庭，这是一个分析性的差别。

用同样的方法可知，根据马克思的理论，非生产性的工作是有用的，金融本质上不是寄生性的。假定金融在货币和金融交易中有很多作用（马克思称为"货币商品资本"）；它为资本在不同公司和部门之间循环做贡献；它组织公司重组和它们之间的融资。然而，马克思经常用激烈的、带有色彩性的语言抨击金融活动的寄生性。

a. 因为通货膨胀，这种操作和其他转移有关，债务贬值——也就是说，资本贬值——借方从较少的支付中受益。所以，如果实际利率是正值，全部转移通常使金融受益。

我们已回答了一开始提出的问题——是谁在罪行中获益？是金融。所以这一章更着重于解释这个答案而不是简单地回答这个问题。金融以什么途径获益？用什么方法？这首先是一个收入转移问题，从不平等对待的角度看是转移的结果。

第九章和第十章已经强调了非金融公司、家庭和国家利息支付所带来的巨大负担。但是这些浅层的观察忽略了其他一些方面：利息支付也使一些机构获益。整个庞大的关系网络——例如国家给哪个机构支付利息或者每个部门给金融支付多少利息都是无法解释的。这些资金流动的数据并不能让我们从中做出任何推论，但是我们知道支出和收入的总额。

假定转移起因于通胀，图15.1反映了法国向不同部门支付利息时的现金流量（所得利息减去支付的利息）的变化。这些部门有非金融公司、公共管理部门（政府和整个社会保障体系包括人身保险、养老金、失业津贴、家庭补助金等）、金融部门和家庭（含自我雇佣人员）。这些现金流可用法国总产出的百分比表示。

很明显，这个记录暗含着大量的差异性。例如，家庭之间存在的差异——一些人负债并需支付利息，另一些人则有货币储备（如银行存款等）和证券（国库券或其他债券）并得到利息支付。与所获得的贷款相比，家庭拥有更多的货币储备和其他机构的债权，它们是全球债权人也是潜在的通货膨胀受害者。而且，平均来看，家庭的投资利率比给它们发放的贷款利率要低。虽然它们是债权人，但是比起它们所得利息，它们支付的更多。

如图 15.1 所示，20 世纪 80 年代初利率上升之前和以后形成了鲜明对比。在整个第一阶段，金融公司（含保险公司）从正的流量中获益。通货膨胀使债权人的收入减少，但是利息支付（获得的减去支付的）总能弥补这种影响。反过来看，倘若金融部门停止它们的活动情况会更乐观。20 世纪 80 年代初某些政策变化对经济的影响十分显著。从 20 世纪 80 年代中期开始，金融行业获取了巨额利息。1980 年前给金融公司所支付的利息约占法国经济总产出的 2.5%。而这一百分比在 1992 年达到了 7.5%，即便到了 1999 年这一百分比也仍保持在 5% 左右。

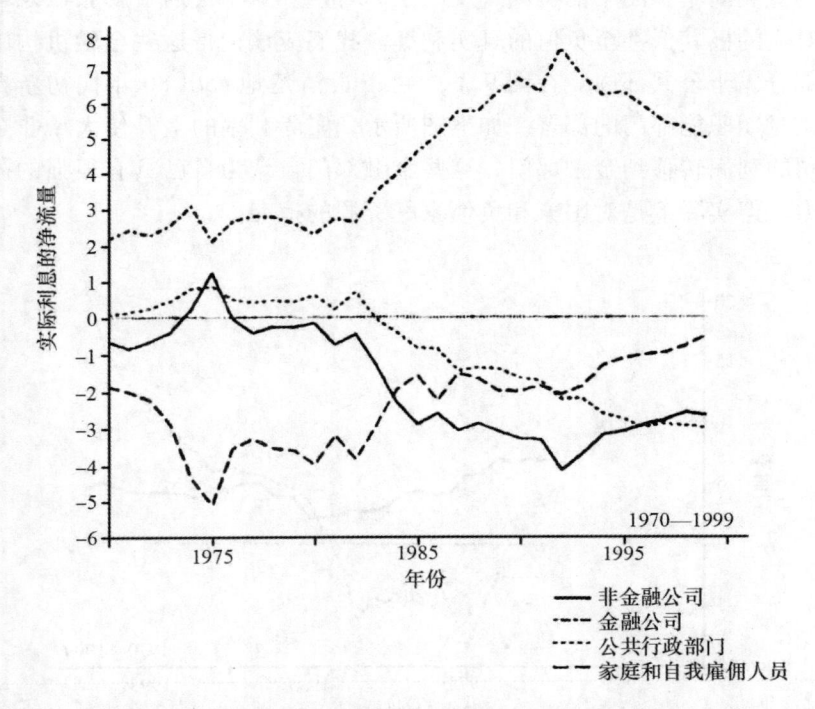

图 15.1 实际利息的净流量（获得的减去支付的）（总产出的百分比）：法国

注：为了简化，我们排除从其他国家获得的正的但低水平的利息。

20 世纪 80 年代以前，非金融公司和公共管理部门的净利息额一直很低，而家庭是金融部门主要的利息支付来源。从20世纪80年代开始，非金融公司和公共管理部门不得不支付数额巨大的净利息。对政府财务活动征税的程度尤其清晰明确——利率升高的同时产生了赤字和相应的金融收入。1979年前就已负债累累的非金融公司在真实利率上升的背景下更加步履维艰，直到20世纪90年代末这些公司的负债才开始减轻。虽然利息支付在这段时期末减少了，但仍然很重。

很容易推断，不管是直接地还是间接地与其他经济部门相比，总体来说，新自由主义对金融部门的盈利能力产生积极影响。图15.2描述了法国金融公司盈利水平的变化，并与其他公司进行了对比。第一条曲线再现了非金融公司的利润率（如图9.2所示），我们能够观察到利润率的下降、反弹和稳定。其与金融部门的利润率形成鲜明对比。金融部门的低利润率和图中的负利润率反映了20世纪70年代通货膨胀以及与其相对应的极其低甚至负值的真实利率。我们应该记得这些金融机构中的大部分属于公共部门。在图9.1中可以很清楚地看出80年代初新自由主义时期职能部门的部署。如下图所示，实际利率的上升使大量非金融公司的利润转移到金融部门，这些金融部门自认为自己具有很强的盈利能力，但实际上是对国家和负债家庭资源的掠夺。

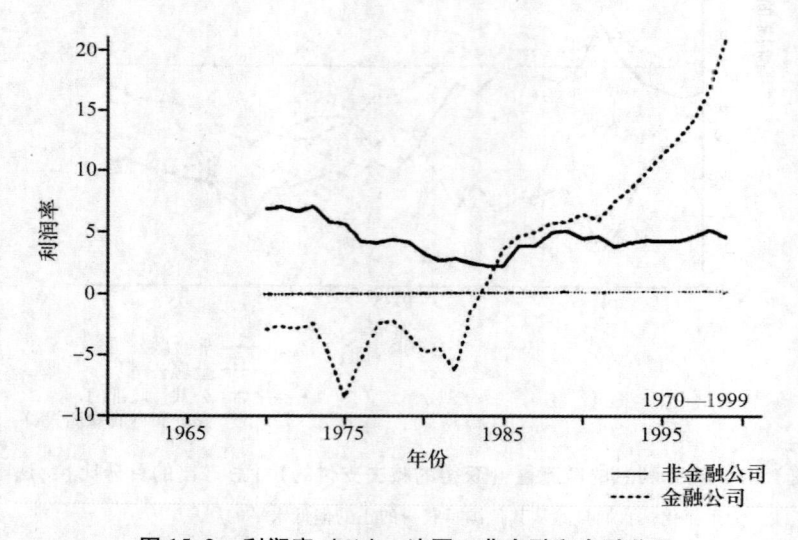

图15.2 利润率（%）：法国，非金融和金融公司

注：非金融公司的利润率与图9.2和图9.3很像。这两张图和反映金融公司利润率的图15.3包括资本收益，它们波动很大，渐渐变得平缓。

第十五章　谁从罪行中获益？

然而，利率上升对金融部门既有消极影响也有积极影响。我们已经介绍了强烈抵制1979年政变的观点（第十一章）。政变对非金融经济的负面影响（公司破产，一些家庭和外围国家的超额债务）掀起了一波拒付浪潮，动摇了一部分金融部门自身的稳定性且使其陷入经济危机之中。

图15.3提供了与图15.2一样的信息——美国，金融公司与非金融公司盈利能力的对比。由图15.3可看出，20世纪70年代美国的金融公司与非金融公司盈利能力似乎比法国的非平衡状况好一些。但是金融公司的盈利能力的恢复状况同样应当受到关注。其恢复期相比法国到来的晚一些，这多半是由于80年代美国肆虐的金融危机（图11.3）。图15.3中显示美国金融公司在20世纪90年代利润率的剧烈波动，它反映了这10年来资本损益状况所造成的影响。

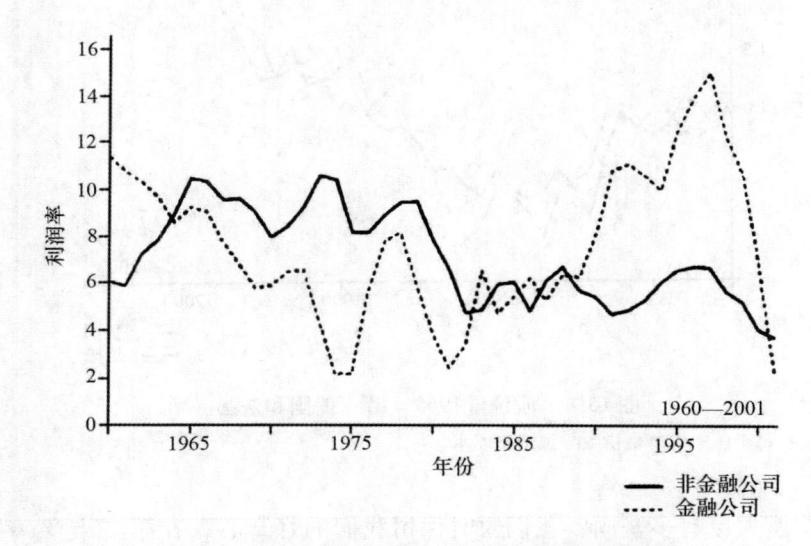

图15.3　利润率（％）：美国，非金融和金融公司

尽管20世纪80年代的新自由主义政策及90年代的大多数政策存在一些暂时性的问题，但它们明显使金融公司受益——法国和美国金融公司的经营情况都大为改善。到了20世纪90年代，这些金融公司的利润率比其他公司都要高。

在新自由主义给金融带来的好处中，人们决不能忽略标志性部分——股价的升高。在图 15.4 中，为了表示不变的购买力（为了修正通货膨胀），美国和法国通过价格指数降低了股指。它们股价的变化十分相似。从 1965 年开始，我们可以观察到经济危机期间股价的巨大跌幅，美国和法国股价被区分为两部分，20 世纪 80 年代初股指迅速上升，1985 年股价达到 1965 年的水平。经过十多年的缓慢增长，股价在 20 世纪 90 年代中期飙升并在 2000 年达到最高值，比 20 世纪 70 年代危机时的股价高出 3 倍。2000 年后，股价开始下跌。最后，2002 年的平均股价仍旧保持较高水平。

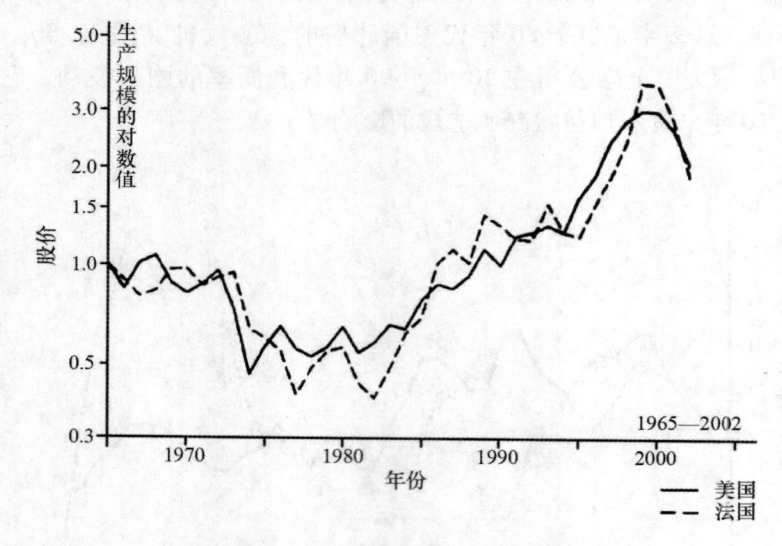

图 15.4　股价（1965＝1）：美国和法国

注：每个国家的价格指数导致价格缩水。

这座大厦有多坚固？我们暂时保留我们的好奇心，在第二十章，我们会讨论金融为自己所构建的大厦面对大萧条时可能有的脆弱性。

对家庭金融收入的分析清晰地显示了新自由主义给资本持有者带来了利息支付、股息和股价的高升，这值得详细考察。

机构只是中间人，在最后的分析中，是谁从罪行中获益？是那些靠金融收入为生的人。在这种状况下，他们永久地持有并增加他们的收益。人们可以想象，20 世纪 80 年代和 90 年代标志着靠金融收入为生的人的地位得到显著的改善——除金融部门外，富人们通过金融部门使自己成为从新自由主义秩序中受益阶层受欢迎的部分。

从国家数据来看，我们不可能将富人与其他人隔离开，在这里我们要考虑金融收入的整体性。这些总收入的多样性很好地揭示了家庭收入的变化，它们的私有财产包括大量的金融资产。图15.5描述了金融性收益（或损失）与家庭总收入的比率——金融性收益指获得的利息和股息，它是加上股价的上涨部分减去货币和金融资产在通货膨胀中贬值部分。

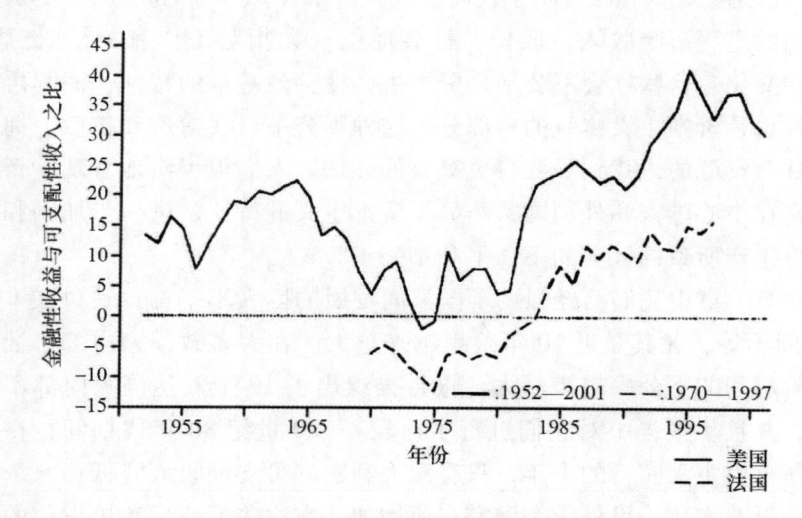

图15.5 金融性收益（或损失）与可支配性收入之比（%）：
美国和法国，家庭

注：金融性收益除了包括家庭获得的利息支付和红利，还包括股票市场繁荣所带来的潜在收益。要减去的是由通货膨胀导致的货币和金融资产价值减少的部分。由股价变动带来的收益尽管波动很大，但为了便于理解图形，我们画得很平缓。

1980年前的法国，通货膨胀抵消这些金融收益并使这些收益相当于可支配性收入年平均损失的7%（1970年到1980年）。80年代初为抵抗通货膨胀而做出的货币政策的调整以及股市的回升是有目共睹的。股价在1984年为正值，1988年到1998年这10年间股票收益在家庭收入中所占比例保持在12%左右并有增加的趋势。① 到了20世纪90年

---

① 20世纪90年代后半叶并没有出现股票价格的迅猛增长。即便股票价格在上涨，这个观察和法国家庭持有的股票价值停滞一致（第十三章）。

代，持有货币和金融资产变得非常有利可图。

美国给人们的印象证实了与持有货币和金融资产息息相关的收入在70年代的下降和80年代的反弹。在此期间美国的收入比法国高的原因是美国家庭持有更多的货币和金融资产（尤其是股票）。[①] 但直到90年代中期，图形显示美国和法国都经历了低谷。此后，金融收益开始猛增。

可以想象，20世纪80年代的发展使社会不公平显著增加：复杂而多方面的进程影响收入、股份、社会地位（尤指与工作有关）、健康、知识和文化。这些社会不公平是资本主义社会最基本的特征，而其再生产过程也是资本主义体系的一部分。这种不公平自我渗透和扩散，拥有更多社会资源的人找到了变得更富有的办法。人们很坦然地发现，新自由主义在中心国家和外围国家凸显了资本主义的特征，进一步加剧和扩大了再生产所致的社会的不公平和不公正。

在第一章中我们已经强调了国家间发展的巨大不平衡，缺口在1和74之间不等，尤其是近10年差距越来越大。在大多数国家内部，社会各个阶层间的不公平越来越大。报告描绘出了19个发达国家内部不公平表，并且从报告中对它们进行了比较。[②] 20世纪80年代期间，在第一个新自由主义实行的十年，只有意大利家庭可支配收入降低；八个国家几乎没有变化，另外十个国家有所增加。在这些不公平清单靠前的国家里，英国增加得最快，其次是美国和瑞典（鉴于其是一个社会民主导向的国家，它起步于一个很低的水平）。在第六章关于工资的研究中，可以看出美国工资增长的下降和生产工人周收入从绝对数量看下降的情况（图6.1、图6.2）。所有这些变化更进一步加剧了工人、特别是最不受欢迎的人与依靠金融收入的家庭之间的不公平。

现在我们来看一下最富有的人所持有的资产。他们的资产确实最鲜为人知，多出于社会的和政治的因素，而非技术因素——这是探究性研究的永恒议题。[③] 在这里只有一部分得以证实。

---

① 图13.3和图13.4显示两个国家家庭的资金持有量。
② 联合国发展计划署：《关于人类发展的世界报告》，布鲁塞尔：De Boeck 出版社1999年版，第39页。
③ F. Arrondel、F. Guillaumat-Taillet and D. Verger：《财富与资产的增长：家庭申报的质量与其代表性》，《经济与统计》1996年第296—297期。

在一系列研究中，爱德华·沃尔夫（Edward Woff）对研究的综合性和前瞻性特征感兴趣，他分析了美国社会不公平的缓慢演变过程（从1922 年到1998 年）。① 这些研究成果与我们之前所阐释的异曲同工。

最引人注目的变量之一是全部家庭中 1% 最富有的人所持有的资产。所谓"资产"是指全部真实资产（不动产和耐用消费品）和货币以及金融资产减去负债。我们非常熟悉这些变量变化的趋势（图15.6）。从 20 世纪 50 年代到 70 年代，1% 最富有的人占有的全部资产的量从 30% 升至 35%。由于金融危机第一阶段给金融收入施加的压力，这一百分比跌至 22%。新自由主义的出现暂时中止了这一恶化趋势，在 1986 年这一百分比再次恢复到 35%。沃尔夫的研究也强调了富人和金融部门之间越来越紧密的联系。研究显示，1983 年，22% 的富有家庭在金融部门工作（金融、保险、房地产等），而到了 1992 年，这一百分比达到了 36%。②

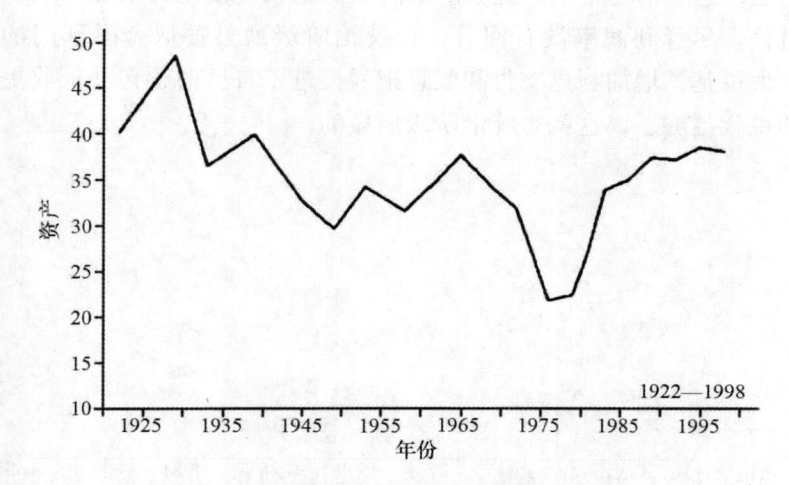

图 15.6　最富有的 1% 家庭所持有的资产：美国

注：资产包括不动产、债券和货币收益以及耐用消费品。

---

① E. 沃尔夫：《头重脚轻》，纽约：New Press 出版社 1996 年版；《谁是富人？美国高收入者和拥有大量财富者的人口结构变化概述》，同时参见 D. Henwood：《华尔街》，伦敦：Verso 出版社 1998 年版，第二章。

② 沃尔夫：《谁是富人？》，《密歇根大学商业学院，工作论文汇编》1997 年，第 11 页。

这些研究与法国的发展情况相似。1992年，1%最富有的人所拥有的资产占总资产的20%。大部分社会阶层的人民仅拥有自己的居住权的情况很大地影响了上述数据。同样，这1%的富人拥有40%证券资产（股票、债券、共同基金）。① 然而，这些研究并不能给我们提供任何关于贫富不均缓慢演变的信息。一家观察研究和生活状况的法国研究调查中心（CREDOC）利用法国所有可利用指标，如收入、资产、家庭构成、文化遗产、失业和其他主观因素，制作了一张1980—1994年不公平变化的收支平衡表。② 结果显示，在"两端"（10%最富有的人和10%最贫穷的人）的人群贫富差距越来越大。而证券这一因素在加剧贫富差距中扮演了重要角色。③

所有这些分析和研究让我们更加关注财富。有两个论断——在金融危机的第一阶段，富人阶层的利益相对恶化；而在新自由主义的保护下，富人的利益开始得到恢复且其财富越来越多。

总之，这一章完整地阐述了统治阶级借助新自由主义增加收入和资产的过程。尽管利润率没有回升，但统治阶级通过攫取金融部门的利润，扩大税基，增加利息支付和股息把钱揽进了自己的腰包。征收更高比例的税就足够了，这就是统治阶级所做的。

---

① 法国统计局：《居民收入与财产》"综述"1999年第28期，第81—94页；S. Lollivier and D. Verger：《居民财产：决定因素与差距》，《经济与统计》1996年第296—297期。

② F. Berthuit, A. Dufour and G. Hatchuel：《法国社会的不平等：1980—1996的演化》，巴黎：CREDOC出版社1996年版。

③ Alain Bihr and Roland Pfefferkorn 在《揭开不平等的秘密》（巴黎：La Decouverte et Syros 出版社1999年版）一书中提供了法国社会不平等相当全面的图画，一方面是20世纪60年代和70年代的差距，另一方面是新自由主义10年的差距：1968年5月之后工薪阶层的削减，然后是自由主义时期削减的增加；面临失业的社会不平等，等等。参见 J. P. Fitoussi and P. Rosanvallon《不平等的新时代》，巴黎：Seuil出版社1996年版。社会学家很少对资产阶级及其资产进行研究，Michel Pincon and Monique Pincon-Charlot 是例外：参见其《大财富》，巴黎：Payot出版社1998年版，特别是第1章。

第四部分

历史教训

为了正确把握前面章节中讲述的事件的重要性——始于20世纪70年代的结构性危机、金融支持下的新自由主义秩序的建立——从历史的角度定位它们是有用的，这是第四部分的目的。我们已经表达过的关于新自由主义时期的现实的、货币和金融方面的观点会把我们带回到其他的、更早的历史的情境中吗？

第二部分对第二次世界大战以后用于描述技术、分配和就业等主要变量的演变的考察使我们可以形成一个判断。直到20世纪60年代中期都一直盛行的技术进步的相对有效形式的消失源于资本盈利能力的下降、经济增长的放缓和失业。与此发展相应的是尽一切努力控制工资。在危机的压力下，20世纪80年代初期一定的技术进步水平的恢复为利润率的反弹创造了条件。

类似的模式在19世纪末20世纪初很盛行——利率下降，结构性危机，利润率反弹，危机结束。此先例如同解释危机的结束一样，也揭示了某种当代转型。

第三部分则透露，盈利能力改善的潜在优势已在很大程度上被金融蚕食，这是新自由主义宏观经济政策——主要是实际利率的上升和股利分配增加的结果。金融就这样延长了危机的影响。通过这样做，它使自己更加富有，重申其在生产体系中的霸权，强制实施自己的规则——去管制和新规则——伴随着货币和金融危机以及股价的猛增。正如2000年开始的股市下跌和经济衰退所显示的，这是金融危险的巅峰吗？这里很容易引起大萧条。相似之处如此惊人，而且类似的情况确实存在。我们应该期待同样的结局吗？

由于所谓的市场胜利和"新经济"，在集体性失忆中还有第三个历史的相似之处，它现在已经退回到次要位置。战后繁荣的处方是什么？这个处方现在过时了吗？

从历史的角度看待发展，我们终于能够更精确地定义这个我们不断放置于舞台上，略带神秘色彩的代理——金融。我们已经看到，第二次世界大战结束后被抑制的金融重申其在新自由主义中的显著地位。

第 十六 章
史上先例：19世纪末的危机

我们刚刚生活过的这几十年和它所呈现的趋势使我们想起了一个世纪以前冲击主要资本主义国家的经济危机及其克服危机的方式。这两种结构性危机出现的潜在环境十分相似。19世纪最后的10年是以技术的发展和马克思式的分配为标志，伴随着与19世纪70年代结构性危机之前相似的利润率的下降。技术变化率和技术形式的改变是利润率下降的根源。这种改变有着特别的特征，它与机械化相关，这种机械化是马克思分析的中心：对固定资本、建筑和机械进行大的投资（第四章）。在这样的背景下，生产所需的劳动力节省了，劳动生产力提高了，对大量资本的需求不断增长——更多的机器，或者说更多昂贵的机器，更少的劳动力。通向技术变革的道路可用固定资本的大幅度增加表示，它与雇佣劳动力和已有产出有关。后者的结果可以通过一个公司一年的产出与固定资本的存量之比来测量，这个结果被称作资本生产率。不幸的是，这个比率常常有下降的趋势，这意味着越来越多的资本被用于同样的结果；非但没有节省资本，反而用的更多了。

图16.1描述了自1870年以来整个美国私营企业资本生产率的演化状况。资本生产率在19世纪末和20世纪后半叶的下降很明显。虚线显示了资本运动的大体走向。第一时期和第三时期相似的地方是显而易见的。

这是19世纪末马克思式技术变革剖面图，它伴随着利润率的下降。利用与第二部分使用过的类似的方法（未扣除利润中利息支出和税收），利润率在19世纪70年代的10年间达到26%；在19世纪90年代减少到只有13%。[①]

[①] 这种演化并非特指美国。历史学家记录了欧洲大萧条，尤其是法国1873—1895年大萧条。由于缺乏数据，我们无法断言是否这次萧条像美国一样源于利润率的下降。

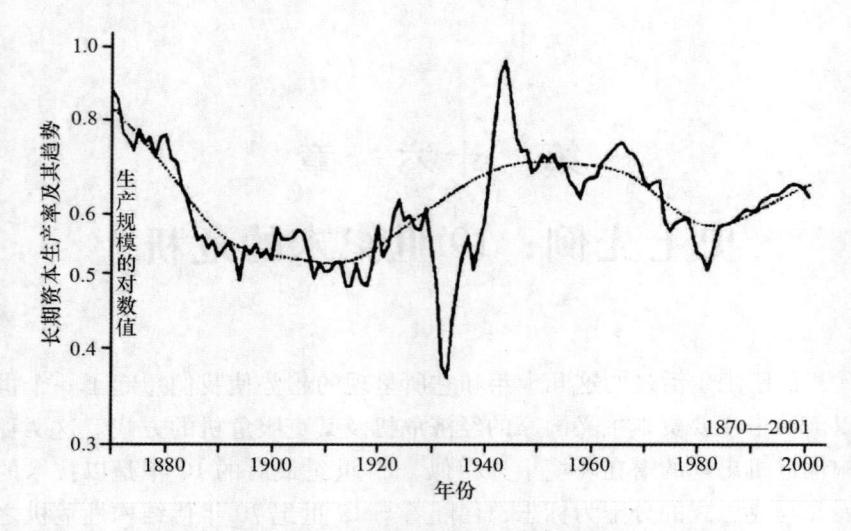

图 16.1　长期的资本生产率及其趋势轮廓：美国

这种马克思式的轨迹是一种不稳定的因素。以美国为例：经济活动在内战和 19 世纪末（19 世纪 70—90 年代）这段时间里收缩了两倍。第一个例子将不受欢迎的轨迹带来的影响和内战期间的货币政策结合在一起。19 世纪 90 年代的危机被称为"大萧条"，它是深度的且持续了很长时间。在这段时期，失业率达到 18%，这个异常的数字只有在 20 世纪 30 年代萧条时期被超过。19 世纪 70 年代的危机之后，1880 年突然过热的经济活动又使它变得异常。经济的高度不稳定性及伴随而来的利润率的下降使人想起——在非常不同的制度背景下——20 世纪 70—80 年代的危机。同样的原因产生了不完全相同，但至少相似的后果。货币和金融框架显著不同——19 世纪末在美国没有出现像 19 世纪 70 年代的大规模通货膨胀，非金融部门未能找到喘息的机会。

19 世纪末危机的独有特点之一是它伴有竞争性的危机。面临盈利能力下降的公司试图通过互惠协议得到救助，协议的目的使它们免受竞争的困苦。这种方法更自然，因为利润率的下降和生产单位规模的扩大并存，与技术新特征和由运输进步所创造的更大的市场相联系。二者的发展使竞争变成一个重大议题。一些公司彼此达成最低价格或分享彼此市场和利润（就像在池中一样）。因此，19 世纪末被称为卡特尔和托拉斯的时代：垄断资本主义。

第十六章　史上先例：19 世纪末的危机

这场运动遭到小公司、工人和被现代化抛弃的那些人，特别是农民的强烈反对。竞争性危机导致 1890 年著名的谢尔曼反托拉斯法的产生：世界上最早旨在保障自由竞争的联邦立法。

在竞争危机的背后，结束的游戏有另一重性质。真正的危险是资本主义现代机构的构成——一方面是大的金融机构，另一方面是大公司——和将二者捆绑在一起的纽带。[1] 19 世纪的"老的融资"银行使公司运营变得容易，并且促进了公司的融资（这些最高级别的银行为政府支出提供融资）；也就是说，从这一刻起，金融进入大商业系统。这些新的组织形式的出现，把传统的部门置于危险之中，导致局势紧张——小公司反对大公司。

在世纪转换之交发生了一些破坏性的事件。反垄断法具有反对大商业巨头入侵的表象。但是，与此同时，另一个合法的框架被采用了，它促进了股份持有公司和合作股份的发展，也就是说，在金融的领导下一些大集团正在形成。这意味着给予大企业合法的基础。因此问题就变成了我们到底应该鼓励还是应该抑制大公司的形成？

这只是一个表面矛盾。反垄断立法带来两种后果。第一，为与其宣称的目标相一致，为了能让小企业生存，它对小企业提供一些保护，但禁止每家公司保留它的自主权和自己的组织的协定，它增强了大公司和大集团的形成，也就是说，它鼓励真正的合并，这是反垄断立法时期被授权于公司立法的，而不是阻碍大实体的形成，这些法律鼓励集中。只是在世纪之交，在短短几年内，合并风潮开始涌现，金融为之提供了杠杆作用。[2]

第二，人民的斗争在转型中扮演着重要的角色。在此期间工会迅速扩大，创建了社会主义党。工人发动了一场艰难的斗争。顺便说说，这些事件不应该与它们所处的世界背景、工人运动和革命斗争的兴起相分离。在美国，这些斗争的结果本质上是改革。和平主义倾向者发现自身在第一次世界大战期间被作为坚决镇压的借口，他们为改革的成果做出了贡献。

---

[1] 基于这种关系，希法亭（Hilferding）创造了"金融资本"这个概念，参见《金融资本：资本主义发展的最新阶段的研究》，伦敦：Routledge and Kegan Paul 出版社 1981 年版。

[2] H. B. Thorelli：《联邦反垄断政策：一个符合美国传统的组织》，巴尔的摩约翰·霍普金斯大学出版社 1955 年版。

劳动者的搅动成为企业领导之间对抗的一部分——有些企业领导保持企业原有的组织形式和技术，有些企业领导是在与金融往来中成长的一代。这些对抗的结果形成一种妥协，以确保对传统部门和劳工运动进行一定程度的保护，但不妨碍资本主义制度前进的步伐（栏目16.1）。

栏目16.1　19世纪之交的阶级斗争和妥协

19世纪末和20世纪初是阶级对抗十分激烈的时期，此时工人阶级的斗争与统治阶级不同派系的斗争结合在一起。[a]

19世纪末，传统公司的所有者和工人间的关系十分紧张，因为这些所有者用铁腕手段对付工人并且竭力反对工会运动的发展。在这种背景下，因为托拉斯操纵价格，传统公司的所有者故意挑起工人对托拉斯的敌意，诬蔑托拉斯对工人工资的低购买力负责。农业领域的反对只是增加了这种敌意。面对这些攻击，大公司的领导在20世纪初忙于和解政策，公司得到金融支持并获得了较高的盈利能力。[b]

这些大公司的最高层领导将大门向工会打开并进行集体谈判，他们建立了保险和退休体系。作为现代化方法的一种代表，这种策略取得了很好的效果。这些领导者在公司活力和此政策的支持下，使周围的状况对自己有利。在更高的政治层面上，他们影响着立法权和行政权以便更好地巩固他们的地位。让步和镇压被巧妙地结合起来。工人运动赢得了较好的购买力并且在一定程度上改变了他们的现状，但却失去了革命潜力。从这些阶级斗争中产生了现代美式的资本主义架构，即社会在金融体系和大公司的统治下，在公司传统部门和劳动者方面采取妥协方式。

a. 关于这些问题，参考 J. 温斯坦：《自由国家公司的理想，1900—1918》（波士顿：比肯出版社，1968）；L. 隆博什：《美国大企业的公众形象，1880—1940：社会变化的数量分析》（巴尔的摩：约翰霍布金斯出版社，1975）

b. 然而，某些金融家，诸如约翰·D. 洛克菲勒，反对通过真正的阶级斗争取得妥协。

在美国，众所周知，大公司是重大的技术和组织革命的场所，这被看作管理革命。它的两个主要方面体现在，一方面是众多的管理人员和员工的出现，形成了一个金字塔形的层级结构；另一方面，在生产车间发生了诸如泰勒主义和生产流水线等变革。实际上，管理人员和员工的异军突起在管理的各个方面产生了真正革命的可能性。广义上讲，管理革命意味着——在车间如同在金融管理部门（管理流动性和融资）一样，控制存货和管理商业交易。这些变革首先影响了铁路和电信，在当时的几十年里逐步延伸到工业、商业（到大众营销的新形式）和金融。①

使我们感兴趣的是技术和管理的革命导致了效率的额外增加。流水线的例子是非常发人深省的。它可以被看作机械化发展的高峰，但是与之前的创新相比，流水线拥有两个独特的特征。一是由于其所有要素的持续应用和施加于其的速度，流水线将劳动力使用到了极限，它贪婪地消费劳动力。流水线的这一方面已经被讥讽了很多次。二是流水线是非常高产的——它可以以一种不可思议的速度持续生产产品。建立起流水线意味着获得机械化的全部优势且规避其劣势。机械化不再使与劳动力相关的资本存量的超增长成为必需，同样也不再使与产出相关的资本存量的相对增长成为必需，也不会有劳动—资金比率的快速增长和资本盈利能力的下降。在车间，同公司其他场所一样，管理上的提高意味着节省成本（生产和流通）和资金的投入从而得到更好的结果。管理和组织方面的改进与利润率下降反向变化。

从这些改进上获得的优势非常巨大，这可以从图16.1上判断出来。从19世纪初到19世纪50年代，资本盈利能力提高了，而不像之前一段时期持续下降。尽管实际工资的增长率相对较高，但这种良好的发展使得利润率的增长成为可能。

结束危机的基本方法在于提高利润率——这是一种广受欢迎的、正当的，但却是耗时长、存在巨大风险的道路。在19世纪初，美国经济走上了这条道路，但是它的影响却在逐步扩大。带有几分神秘色彩的结束结构性危机的基本方法在这里找到了它的基本内容：在长期的基础上改变有关技术和分配的历史趋势中的不利趋势。由于它的渐进发展的特

---

① A. D. 钱德勒：《看得见的手：美国商业管理革命》，哈佛大学出版社1977年版。

征，这种发展过程在那时很难被认清，但是它从深度上影响整个发展过程。一项对所有指标（如资本盈利能力）的检测发现，这些指标不存在剧烈变化，因为这种演进是渐进的（制度的改变，像合并潮很容易被认清）。

19世纪末的这场危机有一些主要的特征。这场危机伴随着马克思式的轨迹；结束这场危机需要扭转这些趋势；改变趋势是指技术工人和组织革命，也就是管理革命；20世纪初的这些转变发生在阶级斗争的紧张气氛中。

第 十七 章

结构性危机的结束:20世纪看起来像19世纪吗?

19世纪末和20世纪的危机如此相似以至回顾它们显得多余。如同它的祖先一样,20世纪末的经济危机遵循马克思式的轨迹;这种轨迹的结束也很可能成为危机结束的主要因素。① 然而,我们注意到一个关键的不同之处:尽管19世纪末和20世纪初是社会斗争和劳动力组织增长的时期,但是20世纪的最后几十年是失败的,它导致实际工资和社会保障的停滞。

近来危机结束的第一个迹象就是利润率的上升(第三章和第八章)。在这里注意到工资成本的停滞和资本盈利能力的提高的协同效应掀起了一项节约固定资本(房屋和机器)的运动。后一个因素是最显著的,它证明了一条新的道路,与利润率下降呈相反的趋势。先前资本盈利能力的下降现在受到干扰并转而上升。最新的观察证实了反弹理论。②

在欧洲,劳动生产率的增长比第二次世界大战后的30年低,但是仍保持了比在美国更强劲的势头。由于工资成本的增加是有限的,利润份额的增长在欧洲比在美国高。资本盈利能力以同样的速度增长。技术进步的形式在某种程度上有所不同,如果把决定利润率上升的金融因素

---

① 俄尼斯特·蒙代尔(Ernest Mandel)强调了资本主义历史动态的重要性;参见他的《资本主义发展的长波:马克思的解释》,剑桥大学出版社与人类科学之家出版社1980年版。

② 关于在G. Duménil和D. Lévy的《资本的运动:美国经济的世纪》(巴黎:法国大学出版社1996年版)第20章中的这个问题,我们并未展开,而是以历史为基础进行了比较:"得出太乐观的结论似乎是不成熟的。但是我们还是要保持谨慎,因为19世纪末和20世纪初的经历表明在最初阶段探索这样的变化是非常困难的。"

放在一边，利润率的上升还是很可观的。无论这些发展有多么重要，都应该强调它们是有限的，在某种程度上通过弹性周工作日和强化劳动力本身表明资金使用的强度。① 这些倒退的改革和管理革命共存——劳动力和生产组织、公司结构与内部人员关系的革命——没有这场革命剥离这些因素也是可能的。

资本主义是怎样找到既有技术进步又能节省资本和劳动力这条道路的呢？通过特别的研发努力（栏目17.1）？这些机制与20世纪初的一样吗？如果论及管理、组织和技术方面的进步是可能的，那么论及社会关系和资本主义制度也是可能的吗？

栏目17.1 研发

技术变化过程中的部分转变离不开所谓的研究和开发支出，也就是说，为了创新，公司要支付成本。虽然使全球的统计系统相互隔离是很困难的，但是研究它们中少有的几个有用的部分还是很值得的。我们发现研发支出在法国大大增加。由危机刺激的努力成为这种支出增加的诱人的解释，即试图结束危机。将法国20世纪60年代和70年代间研发投入较小与通过"模仿"的过程而非投资研究以弥补欠发达的技术水平的时期联系在一起是可能的。当法国接近技术前沿时，法国支出达到与美国相似的水平。美国的曲线表明第二次世界大战以来其研发支出具有高度的不稳定性，这种不稳定性可以用与结构性危机相对应的一个低点进行说明。20世纪80年代研发支出大大增加，但20世纪90年代的较高支出水平可以看作已恢复到以前的水平。第一次世界大战后十多年是伟大的创新时代。

在管理的客观转变方面形成准确想法是很困难的。这是管理方面的永恒话题，但并不容易计量。尽管股票市场泡沫破裂，但是我们的讨论重心首先是信息和通信——新经济。

---

① 关于工作条件及它们的变化引人注目的描绘可以参考 S. Beaud 和 M. Pialoux：《劳动条件的倒退：标致与 Sochaux-Montbéliard 工厂的调查》，巴黎：Fayard 出版社1999年版。

| 第十七章 | 结构性危机的结束：20世纪看起来像19世纪吗？

本书中所使用的基本资料为这些变化提供了一个明确的说法。其中，对美国投资情况的分析表明20世纪80年代和90年代的美国投资构成经历了一个巨大的转变。

人们知道设备（机器、汽车等）和厂房是投资的主要部分。设备是投资变化的主体。美国统计学追踪了四种相关的投资类型：数据处理（通信和计算机）和编程，工业设备，运输设备和不同其它种类。如图17.1显示，在1946年，后三个分类占整个投资的90%，每个占30%，通信（计算机还不存在）不足12%。截至2001年，情况有所改变。后三个分类各自占15%—20%，然而通信和计算机几乎占了50%。这意味着原投资于各种设备的约一半的美元现在投资于通信或电子产品及软件。这种增长还在持续，20世纪80年代初有了飞跃——到1970年，战后时期的12%已经翻了一番，但真正的激增发生在1978—1983年间，也就是说，在经济衰退最严重的时期。2001年在软件上的投资比在运输设备（小轿车、卡车、飞机等）上的总投资要多，这很有趣。

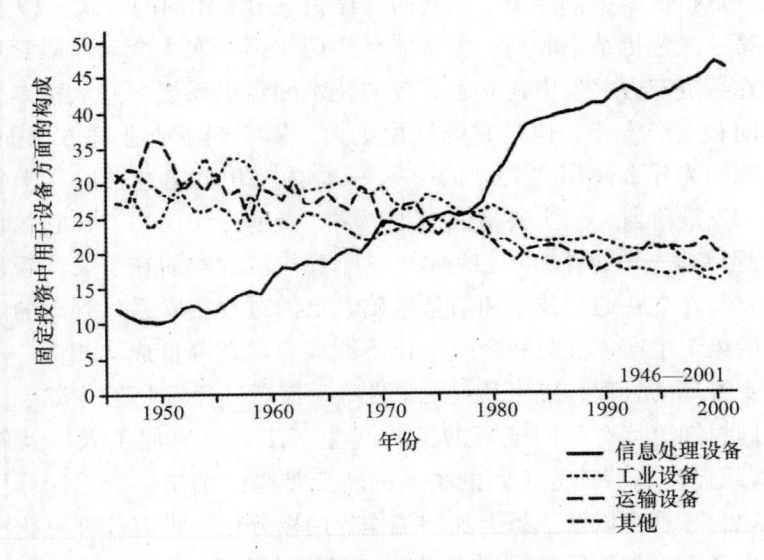

图 17.1 固定投资中用于设备方面的构成（%）：美国

应如何看待这些变化呢？它们能和20世纪初的大规模的组织创新相比吗？我们能认为这是一个新的管理革命吗？一个事实似乎可以站得住脚——与20世纪头10年一样，20世纪80年代和90年代并不具有大批管理者出现的特征。这个时期恰好员工减少了。

我们认为信息革命是内部管理革命的一个组成部分——从广义的角度看"管理",这在前一章有所介绍。通信和信息是典型的组织和管理技术。经理和员工们收集数据、处理数据,以前所未有的速度和规模在他们之间相互交流。只要设备维持高价,使用它就需要足够的培训,它不易搬动,它的潜力还未显现。以前很难做的工作变得可能了,但困难和成本限制了正效应。由设备而产生的革命优势随着设备费用的降低以及操作简单而显现出来。

罗伯特·索洛(Robert Solow),诺贝尔经济学奖获得者,他发现,如果劳动生产率的提高仍然较低,将所发生的变革归功于计算机的使用似乎缺乏证据。① 这是因为选择的变量出现了问题——计算机最先并非在劳动力中而是在资本的盈利能力中被发现,它们可以在全要素生产力率的增长中找到,它的生产率是资本和劳动的生产率的平均值。

如果我们对当前资本主义趋势的解释是正确的,那么早期的和后来的结构性危机的结束都经历了相同的过程和采用了相同的方式。19世纪初,在第一次危机结束时期,生产体系经历了第一次大变动,即管理革命。它在劳资双方关系中建立了有效的技术和组织系统,并从根本上改变了车间和生产方式,但是它的规模更大,影响到了企业的方方面面,这就是我们为什么使用"管理的"这一术语。20世纪过去的几十年进入了新的发展阶段,从主要指标(生产率、资本劳动比)看,它的作用与(管理革命——译者加)相类似。这个新阶段的本质在于关注管理的进步,它与建立在通信技术和信息基础之上的过程相联系。管理的进步与有效的组织生产、分配和金融运作不断成熟以及降低成本相关——提高其自身管理的管理,应用其规则于自身,提高自身的管理绩效。

人们想知道持有不同工资的工人(生产工人、雇佣工人以及管理者)、等级制度和劳动分工间的关系的转变带来的结果。难道计算机化没有在观念、管理以及执行上加剧工作的两极分化?难道计算机化没有形成像生产工人与他们的机器那样的依赖于计算机的雇员大军?② 这些

---

① "除了在生产能力统计资料中外,你可以到处看到计算机时代的身影。" R. 索洛:《我们最好要当心》,《纽约时报》1987年7月12日,书评,第36页。

② 但是工作场所的纪律已经很严厉,旧的管理程序已经对雇主的服务提出要求,这些员工受制于严格的规定,经历重复的工作和令人疲惫的工作节奏的考验。

| 第十七章 |　结构性危机的结束:20世纪看起来像19世纪吗?　139

问题使我们更有理由进行深入研究。

当然,目前管理革命的背后不只是简单的电脑和电脑软件。在当今资本主义——增长的绩效通常由利润率来衡量——需要管理者提高管理水平。那么,问题就在于如何在一个根深于管理高层之中的官僚主义成风的环境下才能有效率?怎样把等级制度和创新二者结合起来?怎样把命令和创造二者结合起来?其解决的办法无疑是确保平等的关系并简化繁冗的等级关系。组织和管理的新方法须面对这个挑战。

在结束危机的过程中,从广义上讲,无论早晚都要对关于竞争的政策进行根本性的修正。同样19世纪末一项法律的改变使股份公司和合并的发展成为可能。对新自由主义的肯定,与在法律上和在实际运用中对合并态度的转变几乎同时发生。

在诸多的犹豫之后,20世纪30年代大萧条结束后,出台了有关合并的更加严格的法律。它促进了某种程度的集中,集中的中心是大的非金融企业,它们与大型金融机构相对独立。这种集中导致集团的形成,带来商业的多元化发展,这附和了公司管理者增长的自主权。[1] 但在新自由主义下许多情况都与之前大有不同。

为了更好地理解20世纪80年代初期对集中偏爱的倾向,必须在经济的一般背景中来看待。在美国,劳动生产率增长的放缓产生了效率精神病,这种放缓既可以从绝对水平看到,也可以与日本的比较中看到。在这样的情况下,芝加哥学派传播的新理论很快兴起。资本主义国际化在世界范围内带来竞争问题。法律在某种程度上须使美国大企业能获取必要的发展空间。未受这些变化影响的部门都必须适应之。这一变化揭示了国际化的真面目,但同时也折射出了金融霸权主义。20世纪80年代期间,金融重新夺回了竞争的主动权,重新确立了与20世纪初传统观点的联系,从而引起了一系列的大规模运动,如重塑生产系统、集中和接管,从更一般的意义上说,强化了财产网络。在司法体系许可的情况下,只要得到持有公司的银行支持,变革就会发生,而且会持续发生。[2]

---

[1] F. M. Scherer and D. Ross:《产业市场结构和经济绩效》,波士顿:Houghton Mifflin出版社1990年版。

[2] 如微软案例所示,它并非无限制。

关于当代合并和合并结果的记录充满了争议。其中的一些合并以失败而告终，这种情况下产生了一种理论：企业间共识的发展或相互理解构成革新的重要因素，它至少与积极的态度一样在增强集中方面同等重要。

管理革命的第二阶段对社会结构的影响似乎要小于第一阶段。至少这两阶段性质不同。管理者和雇员已经形成了重要的不同层级；财产已从管理中分离出来；生产工人在工作中也受到最大程度的监督。这些变化现在已经完成，因而不再需要继续进行。相反，我们希望管理能在数量上或在形式上有所改善，这些正在发生，就像时下正在发生了情形的一样。

第 十 八 章

金融霸权的两个时期：20世纪初期和末期

在资本主义历史中，金融在新自由主义居主导作用并不是没有先例。从19世纪末到大萧条的这段时期是恰恰兴起的现代金融霸权的第一个阶段。这种局面最终被20世纪30年代的大萧条和第二次世界大战打破。由于这个原因，可以把新自由主义描述为在一段时间的沉寂后金融主导地位的重建。

19世纪末期到1933年与20世纪80年代以来金融占主导地位的两个时期的比较都是教训。它使得人们更好地理解金融霸权的含义和与之相关的风险成为可能。这种权力可运用于哪些领域，可借助于什么工具？这两个时期各自有什么样的特征？切断这两个时期的过渡期的实质是什么？当金融被迫退出某些领域时发生了什么变化？如何描述现存制度的特征？它们不是资本主义的吗？寻找这些问题的答案需要进行大量的研究。本章我们将探讨与宏观经济政策以及制度框架有关的问题（政策目标：经济活动总体水平及其稳定性的决定，货币和金融制度的调控）。

19世纪末，金融创造了自己的制度环境，与之相伴的是大型股份公司和管理革命的发展——金融持有公司和金融公司网络，在股票市场扮演中心角色，建立有利于股东的信用系统等。金融根据其制定的标准和利益进行管理。

在世纪之交，与金融制度的扩散相对应的是货币体制的惊人发展。货币数量以相当大的比例增长。从1880年到第一次世界大战之间，货币数量（票据、硬币和银行存款）的增长比产出还快。1880年货币数量比产出的1/3还少，20世纪20年代比产出的2/3还多（此后是大致相同的水平)。货币数量发展的一个显著特征是银行存款的增加。1880年，银行存款余额是流动性资产数量的两倍；1921年，是 8 倍；1929年，是 11 倍。与之相应，我们不难想象信贷体系是以什么样的速度发展的。这些变化的见证人（从业者、教授、经济学家、政客）渐渐地接受了这些并一直称现金为"货币"。金融体系的发展回应了这些货币的改革。股票市场在为公司提供融资中扮演着重要角色，银行给股票投资者（家庭和金融机构）提供的贷款比给非金融公司多，这样做是为了使已发行的或者已在市场中流通的有价证券更容易地出售。

  这种货币和金融结构存在明显的风险。虽然金融机制的权力在不断增强，但是集中管理的手段却少有发展。在这段时期，私人金融以自己的意志为转移控制货币的创造，这实际上是毫无挑战的（栏目18.1）。市场的易变性众所周知，信贷创造货币与市场的运行紧密相关。虽然大型公司和金融的发展使货币和金融运行过程发生了质变，但保持其稳定性的工具却并不充足。

栏目 18.1　大萧条前的美国货币和金融体系

  在 19 世纪末和 20 世纪初，无论是在美国还是在国际范围内，黄金在货币体系中扮演着重要角色，它证明了"金本位制"的这种表述。一些交易，尤其是国际性的交易都由黄金来支付。所有银行发行的汇票都可以在各银行以黄金或按固定利率进行通兑（需要支付佣金）。这种通兑可能会存在很长一段时期内，有时很长（例如从 1861 年美国内战开始直到 1879 年这段时期），有时在经济危机中暂停。居于这些银行发行的汇票之上的是财政部在内战中发行的著名的"绿背钞票"，尽管绿背钞票已经开始退出经济领域，但很难说它是成功的。汇票总额以及银行账户的余额远远超过了黄金的储量，而且它们随银行所分配的信贷的变化而变化。人们开始担心通货膨胀，因为它威胁到了信用货币与一定数量的黄金之间的可兑换性。大量的银行存款由具有自我约束力的与等级制度相关的体系调节——这个体系将此规则强加于自身，然而最强大的银行在其中扮演了十分重要的角色。

第十八章 金融霸权的两个时期：20世纪初期和末期

这个体系就是著名的国家银行体系，它在美国内战后确立，并且一直持续到中央银行（1913年，美联储）的创立。这是一个私人体系，其中法律和实践要求银行持有特定比例的资产。在该体系中，一个强有力的等级制存在于银行间——纽约的大银行们在体系其他方面扮演了储备银行的角色。这些纽约银行对金融系统内部（例如，资金在储备银行和本地银行之间的流动）的不平衡做出反应，而不是今天我们所说的宏观经济的不平衡（经济活动和价格波动）。因此在当前讨论货币政策是不可能的。

在经济危机中，银行体系进行自我组织以避免自我崩溃或限制危机的规模。显然，必须要避免银行的倒闭。同样，必须改进股票市场的不稳定状况。票据交换中心建立额外的信用业务流程以便业务能继续下去。当银行不得不关闭时，为了防止恐慌的扩散且维持特定交易，由交换中心接管。在全球范围内，银行系统以那些最大银行的霸权地位为特征，而这些银行基本上全来自纽约。

1907年的危机不同寻常，它的规模不同于一般且导致经济活动显著减少。除了银行系统的干预外，财政部进行了谨慎的干预，但采用的办法未能阻止银行窗口支付活动的停止。这场危机被视为传统的、私人的、非集中程序的失败并促成了1913年美联储的设立。然而，美联储由私人金融控制且继续服从于金融业发展的首要目标——在以固定利率下维持通货与黄金之间的兑换，在危机期间维持银行的正常作用。首先必须避免的就是在银行窗口支付交易的停止，因为以往的大危机都是以此为标志。至于经济活动和就业问题的担忧是次要的和间接的。只有当生产体系的扰动在一定程度上动摇金融体系的时候，这些担忧才被作为间接结果而得以考虑。

因此，不应该将工具本身及其使用相混淆。20世纪20年代，美联储的领导人逐步提升自我认知，然而稳定经济活动这一概念从没有被当作一个直接目标真正确立起来。金融厚着脸皮采用极其缓慢的适应过程。

尽管美联储成立了，但仍要从全球视角审视19世纪末到大萧条这段时间。那时的主要特点是：货币数量和货币金融机构的爆炸式增长，私人金融管制的霸权的确立，以及源于金融活动且由形势需要而产生的流程缓慢形成了。

　　大萧条最终动摇了整个金融大厦。此处我们先不必拿大萧条第一年发生的事情进行讨论（第十九章）。从1933年开始，罗斯福新政促使政府对金融和宏观经济机制进行大规模干预。通过立法和调节体制使这种干预扩大，它有效地限制了金融业的权力，进而构成第二次世界大战后的显著特点（栏目18.2）。有时使用"金融抑制"这一术语。①

栏目18.2　金融权力的限制：新政传统

　　一系列法律定义了源于大萧条的新架构：1933年和1935年的银行法，1934年的证券交易法以及联邦储蓄法的各种新版本。这种扩大美联储职责的法律为金融体系寻找到了更多的稳定性。新法案主要影响银行和非银行金融机构，并且在金融体系内有了明确的分工。

　　有六个主要措施需要引起注意：（1）Q条例限定了银行存款的利率以减少银行间的竞争（此条例同样被认为降低了贷款利率）；（2）限制银行持有的资产量，尤其像股票这样的投机性有价证券，用以购买有价证券的贷款要遵守美联储修订的保证金限制；（3）美国联邦存款保险公司的建立为存款提供保险；（4）扩大美国联邦存款保险公司和货币审计员的权力，货币审计员是政府任命的联邦官员，这样可以确保谨慎管理银行，对新进入者进行控制，同时限制竞争；（5）在市场上所有发行股票或债券的代理商必须公开自己的财务状况；（6）1933年的斯蒂格尔法案禁止存款银行经营和评估公司股份和债券，即禁止存款银行充当发行这些有价证券的中间商——商业银行保留这些权利。ª

---

① 图15.6重制的数据显示了最富有的1%的家庭持有的国有股份的部分，它仅代表我们拥有从20世纪20年代到战后这段时期股份等级制度的一个可能的修正的迹象。这是一个不牢固的基础，但是它给金融抑制这个概念一个数量化的维度。大萧条和第二次世界大战之后这个1%的相对财富明显下降。根据这个简单标准，在20世纪70年代遭到挫折后，新自由主义重新设立了等级制度，该制度在第二次世界大战后的头10年里很流行，但没有大萧条之前那么令人关注。

> a. 参见 T. F. 卡吉尔：《货币、金融体系和货币政策》（Englewood Cliffs, N. J.：Prentice-Hall, 1991）。

就是在这种情况下，政府与商界的关系发生了变化，政府开始大面积干预经济的运行。金融失去了对货币创造的垄断，资本主义建立起了要想在当代条件下继续生存下去所必需的制度体系。相比金融的传统目标，中央银行的活动直击更广范围的任务。1946年国会通过的就业法案明确将经济增长，特别是把对抗失业作为政府的责任甚至义务之一。该法案至少象征性地介绍了这些重大事情的进展情况。这些政策在20世纪60年代被终止。

然而，这些变革还有国际性的一面。英国人约翰·梅纳德·凯恩斯和美国人海瑞·德克斯特·怀特（Harry Dexter White）在1944年签署的《布雷顿森林协议》（*Bretton Woods*）所发挥的作用多次被人们提起。该协议导致世界货币基金组织和世界银行的创立。这个计划涉及几个方面：货币之间的汇率；货币兑换规则；为国际收支不良的国家提供贷款；调控资本的国际流动性，等等。该计划使得危机中限制资本的运动成为可能；不管是货币转换中的受害者还是受益者，多个国家之间的合作问题受到重视。然而，区分这些国家之间协议的签订和使用是有必要的（栏目18.3）。

> **栏目18.3 布雷顿森林体系及其解体**
>
> 布雷顿森林体系的三个支柱是固定汇率、世界货币制度的创造和限制资本的流动，其中，第二个支柱是指给需要贷款的国家提供贷款。协议制定了货币之间的固定汇率小幅波动规则，但汇率的调整只能在国际货币基金组织内部协商并在达成一致的范围内进行。为了暂时支持陷入困难的国家，国际货币基金组织通过给予某种货币以信用支持，这些货币须是那些"像黄金一样有价值的货币"。协议的6—3条款规定，至少在危机情况下，授权限制国际资本的流动（外汇管制）。谨小慎微地定义规则以对它们进行持续的调整表明从差的资本运动中区分好的资本运动很困难，该

种区分现在多多少少可以用一种合适的方式表示，如通过投资条款来区别：长期是优良投资，短期是劣质投资。这种模糊的区分表达了一种徒劳的希望，即在危机时资本能够流进而不是流出。

直到第一次遇到的各种困难预言了20世纪60年代末的世界货币危机，欧洲国家和日本才利用了它们所面对的双重可能性——结合国际资本流动的限制（控制汇率的多种形式）重新调整它们的汇率。当某种货币因为不同的通胀而被高估（通过扩大贸易赤字和降低货币储备）时，资本持有者会立刻感觉到货币贬值并把手中所持有的货币兑换成其他币种，纵然这意味着一有变化他又会把其他币种兑换成原币种。因此，这种汇率调整会同时加强汇率管制，这种管制会在一段时间后被放松。

美国在第二次世界大战后无以竞争的主导地位在一开始时就是独一无二的，条款表明国际货币基金组织信贷和黄金一样好，它规定美元这一处于主导地位国家的货币扮演中心角色，并赋予美元为了实际目的成为国际通货。美国金融活动的余地被缩小了，但美国的霸权地位却巩固了。美国并未利用这一机会去调整美元汇率，或者说不需要去调整，亦或这一举措使美元地位处于恶名昭著的矛盾中（这一调整在20世纪70年代变得必不可少的时候，美国更希望摧毁这一体系）。直至世界货币危机爆发，美国才开始实行外汇管制，美国的商业主导地位在20世纪60年代末已被削弱。

这种情况下，不得不取消固定汇率制度，而实行临时浮动汇率制度。在此之后不久，1973年正式实行长期浮动汇率制度。这是向新的货币和金融秩序迈出的第一步，其他方面也表现出了新自由主义的好处。美国在1974年解除了对资本流动的限制。这一举措被英国采纳，之后是欧洲的其他国家（1986年单一欧洲法案，1988年欧洲委员会和欧洲部长会议的决议），以及世界经济合作与发展组织的国家（1989年全部经济合作与发展组织国家在《自由化法典》中采用了浮动汇率制度）。

布雷顿森林体系的崩溃可以看作美国故意弃船的行为。自从美元成为国际通货，尽管美元有特别提款权（作为国际货币基金组织的货币），但该体系没能拯救美国霸权的萎缩。世界经济缺少的是一个名副其实的国际货币制度，这种制度能创造并保证一种世界货币，它有不受美元限制的充足的自主权，并符合最初计划的初衷[a]。20世纪70年代的世界货币危机本应是创造这样一个体系的良机，但相反的是，它再一次导致美元成为主要货币并制定了美国金融主导金融项目的规则。并不是全球化剥夺了各经济体关于制定经济政策的自主权，相反，是新自由主义的全球化路径为之。

a. 凯恩斯想称这个世界货币为"凯恩斯国际货币单位"。

金融极力反对该项计划，该计划侵占了其特权。[①] 在中央银行的活动已不再归属于金融界的私人领域的背景下，很显然，为了在国际层面拓展中央银行的新功能，国际机构也将面临相同的境况。

继大萧条和第二次世界大战之后，金融霸权遭到挫败，但它的意义不应被夸大。当还有更深入的事实需要证明时，资本主义的逻辑（尤其是追求利润最大化）依然保存着，金融仍具有强大的作用。无论是国内还是国际，这场斗争仍继续着。甚至在美国国内，保守的艾森豪威尔政府在20世纪50年代没有过多地使用积极的凯恩斯长期支持政策。直至20世纪60年代初凯恩斯的政策主张才得以实行。当约翰·肯尼迪的顾问意识到1958年衰退的结束导致经济活力不足时，他们果断地刺激经济，即通过减税以期制造财政赤字并重振经济。这一举措十分明智，但显得有点相对简单。尽管结构性危机已经显现，通货膨胀率慢慢抬头，无论有着什么样的因果关系，政府采取了类似的干预政策。

从国际层面看，金融并没有听任自我挫败，反而迅速加入国际货币基金组织以拯救其青睐的机构——国际清算银行。[②] 就是在这种国际状

---

① 对这个计划的反对主要来自银行界，尤其来自纽约的大银行（它们提出了一个替代性的计划）。（这种反对）首先是基于维持货币政策有较大影响力的愿望，这些货币政策比较受大银行的青睐，其次是害怕过度自由的货币政策可能导致战后的通货膨胀。G. W. Domhoff：《政权精英和国家：在美国政策是怎样制定的》，纽约：Aldine de Gruyter出版社1990年版，第178页。

② 国际清算银行是中央银行的银行。它对这些银行在汇率稳定和世界商业发展方面有贡献。它也是一个值得讨论和拥有信息的地方。

况下，通过新自由主义逐渐恢复金融霸权的运动开始了。

银行（真实的或虚拟的）在本国之外活动能够有效地避开本国中央银行的管制，欧洲市场为金融的再崛起提供了有利的环境（栏目18.4）。然而，决定性的打击是1971年8月的美元危机，当时，大量资金从美国向西欧转移，美国延长了美元的可兑换性并迫使欧洲和日本允许它们的货币流动。1971—1973年，西欧的一些国家抵抗美国带来的压力，加强了它们对汇率的控制权，以避免其自身货币被迫再被估价。这些措施的失败最终迫使它们只能求助于浮动汇率。这意味着布雷顿森林体系以及对平价制度和资本运动的政府管制的终结（栏目18.4）。

栏目18.4　回归金融霸权：欧洲市场的角色

欧洲市场各章程的形成最初始于20世纪50年代末，那时正值1957年的国际收支危机[a]。60年代初，这些市场主要位于伦敦，起初得到英国和美国当局的支持。在这场运动中伦敦很容易获得金融市场的优势。美国方面的态度更令人惊奇，它源于两个方面。首先，金融，或者更确切地说是纽约银行家，发现将他们的金融活动转移到伦敦符合自身利益，这样可躲过新政传统，尤其是准备金水平和利率水平的限制[b]。其次，国外美元的积累使货币转换有了威胁且影响到美元作为世界货币的地位。美元已成为欧洲市场的主要流通货币，无论正确与否，美国政府把这些看成稳定流动性的一种手段。最后，这一体系使跨国公司能充分享受到资金流动的便利。与此同时，伴随着生产体系已越来越趋于国际化，国际金融自然得到发展。这在很大程度上躲开了传统的国家的调节。

　　a. 关于技术方面，参看G. 杜非和I. 吉迪：《国际货币市场》（Englewood Cliffs, N. J. : Prentice-Hall, 1994）。

　　b. "1966年和1969—1970年期间国内信用挤压，例如，国内金融业务通过欧洲市场往来以躲避利率上限。"E. 赫莱纳：《国家和全球金融再现：从布雷顿森林体系到20世纪90年代》（Ithaca, N. Y. : Cornell University Press, 1994, p. 88）。

美国发现自身处于整个危机的中心。布雷顿森林体系，正如在实践中应用的，确保了美元在世界经济中的首要地位。直到20世纪70年代初，美国的通货膨胀率仍比其他伙伴国家低，而汇率的调整都主要由这些伙伴国家进行。1971年第一次贸易赤字的出现结束了稳定的、令人欣慰的贸易盈余的时代。这一新的历史情况引发了对布雷顿森林体系基础的质疑。应当注意到，这场世界性的结构性危机最开始并不被认为是一场利润危机，但在美国则被视为一个充满竞争的世界过程，美国经济受到其伙伴进步的威胁（尤其来自日本和德国）。[1]

当从早期的冲突背景下看待这些事件，与再次呼吁金融霸权时，它们之间的关系就很容易理解了。先于布雷顿森林体系前的谈判令人震惊——好像同样的讨论又卷土重来。然而，形势在不断发展。美国看到本国主导地位遭受威胁时，它拉下脸面，反对布雷顿森林体系中达成的一致的外汇管制转而拥护神圣的市场。这种状况早已在1973年的总统经济报告中有所体现（米尔顿·弗里德曼指导这一报告）：资本自由的国际流动应当建立在产品和服务的自由贸易之上，应当禁止管制。这意味着赋予市场更多权力，又名金融。凯恩斯体系的国际方面，特别是在危机情况下反对资本运动的可能性逐渐在消失。由于美联储觉察到自身地位削弱的可能性，因此提出了一定程度的反对意见，但这种态度是短时的且一直都是孤立的。

自1970年的衰退开始（第一次滞胀），20世纪70年代和80年代十分不稳定。从国家层面上说，20世纪70年代危机的治理一开始就求助于凯恩斯主义的刺激政策。几年来，支持经济活动的政策带来了凯恩斯主义通货膨胀式的经济繁荣。这些政策阻碍了非金融公司富有效率的趋势，但未能为其找到解决的方法。通货膨胀使危机的负担都加在了债权人身上，也就是说，即金融身上，这使20世纪70年代非金融公司的利润率保持在一个相对高的水平上成为可能（第九章、第十五章）。当通货膨胀发生时，它听起来好像是要敲响凯恩斯主义政策的丧钟[2]。以最直接方式保护债权人利益的英国和美国货币主义者把通货膨胀看成第

---

[1] 这是罗伯特·布伦纳最近不断重复的理论，他解释了由于制造业的恶性竞争造成美国和世界利润率的下降。《全球动荡的经济学》，《新左派评论》1998年第229期。

[2] 1974—1975年衰退之后吉米·卡特做了刺激美国经济的最后一次主要尝试。

一大公敌。① 另外，自 20 世纪 70 年代初的危机开始以来，尽管金融界极力反对，但美元仍旧在贬值。这些事件促成了保罗·沃尔克获得联储主席的提名和 1979 年货币政策的大幅变动，尤其是 1979 年政变——不惜一切代价恢复价格的稳定并引入新自由主义青睐的高的真实利率。总体来说，一个法律框架由此建成了（栏目 18.5）。

栏目 18.5　20 世纪 80 年代美国的金融体系：解除管制和新管制

美国的货币和金融体系并不是完整的，公众利益常与某一特定团体的利益相冲突。20 世纪 80 年代，金融界很重视放松管制，但又想要大力打击通货膨胀，而这需要相当严格的规则和结构。

1979 年 10 月，当利率上涨时公开出台了一些具体规定，但解除管制法和货币管制条例的施行却要追溯至 1980 年。众所周知，竞争性条款（解除管制）曾被得到恢复，但这同时使美联储的权力扩大了（货币管制）。

1980 年的法律逐步缩小了联邦储备体系的 Q 条例。同时，新的账户被授权，储蓄机构看到它们的活动有所拓宽。1982 年的一部法律掀起了关于积累和利用资金的改革，这些资金与第一次危机时的储蓄和贷款协会有关。1988 年废除了斯蒂格尔法案。这些措施表明美国在很大程度上放松了金融系统的规则，尤其放宽了新政中的各种条款（栏目 18.2）。

为抑制通货膨胀而强化货币政策会面临两个障碍：一是美国金融制度存在的某些缺陷，二是导致资本外流的欧洲市场的存在。

至于美国制度，法律强化了美联储的一些特权。加入该体系依旧是选择性的，因而成员的数量在减少。法律要求所有机构成员都必须接受存款（包括非银行机构的存款）。美联储通常会提出这些要求，但遭到国会和管理机构的反对，国会和管理机构赞同银行系统保持一定的自主成分。货币和金融体系受到了更高强度的监督，而这与解除管制主义者的信条相违背。但这也是为了重

---

① 他们主张与很少被修订的目标相一致的定期的货币发行，从而结束对经济失衡作出快速反应的政策。

获价格稳定所付的代价，这也是金融的基本目标。

20世纪60年代曾一度被看好的欧洲市场，如今在治理通货膨胀方面看似成了潜在的障碍。1979年美国要求，在国际结算银行的支持下，其他成员国家的中央银行研究能控制欧洲银行活动的措施。这些要求遭到国际金融界（特别是英国）的强烈反对，严厉的措施遭到了拒绝。由于未能调节欧洲市场，美国人将这些管制引入美国，从而创立了本国的国际银行业务机构（IBFs），位于纽约。

有了美联储的支持，金融在其统治下，收回了货币创造的控制权，强制推行政策并开展一系列活动，这与大萧条前相似。只要中央银行与市场合作，它便可以成功地扮演确保物价稳定的角色。严格的货币政策与市场权力并行是新自由主义下金融霸权最微妙的表现之一，这种金融霸权是将美国实施货币政策的高效率与国内以及国际不稳定性因素（如国际资本的自由流动）联系起来。

20世纪初期和末期金融霸权具有很大的相似性，但并不完全相同。其中有两方面的不同：一是与稳定物价有关，一是金融制度所拥有的手段具有更多的自由。

20世纪初国内和国际金融制度，以及私人高级金融机构对金融制度控制的方式确保了物价的稳定。① 只是在第一次世界大战期间通胀率有所上升。自从20世纪80年代金融恢复权力后，其首要考虑的问题是恢复其稳定性。从国家层面上看，它悄无声息地将自身置于凯恩斯主义制度内部，从而实现了这一目标。由于具有充分的效率，这个私人金融机构将它们的工具和方法转变成它的优势。无论说什么，美国自身、美联储以及货币政策都要比以往更加强大。

而且，金融行动的自由使自己陷入极其危险之中，这很容易使人想起早于大萧条几十年的一些方面。无论从国内层面，还是国际层面看，这一自由导致极大的不稳定性抬头：金融活动突然增多，无法预知的货

---

① 明显是用一种不完美的方式——例如，1897年到1914年价格平均每年上涨1.5%。这个值虽然与0不同，但差别不大。

币的扰动，不计后果的资本流动。因此，资本主义经历着先前曾发生过的畸变，这种畸变在 20 世纪 60 年代被认为过度成长——国内和国际金融危机以及股市的狂热。

第 十 九 章
固有风险——1929 年先例

19 世纪末的危机和 20 世纪 70 年代的结构性危机有着惊人的相似之处。有些人会觉得这一观察结果令人鼓舞。危机有一个先例；此先例找到了一条出路；为什么这次就不一样呢？然而，这场危机将世界带入了新自由主义社会，一项关于新自由主义社会的分析表明人们对危机的关注。此次危机的结束并没有使所有的人感到一切是美好的，它为我们准备了一个大多数人都不愿意接受的未来。

但这是不是还有些太不乐观了？研究这两个时期危机的相似之处会立刻让人战栗，因为，正如我们所知，19 世纪末危机的结束导致十几年的大萧条。这种灾难发生的可能性也许会让人感到好笑，但许多经济学家仍对这两个时期的危机做了比较。这种风险正悬在我们头顶上吗？这是本章及下章所要研究的问题。在我们进行直接比较之前，有必要先回顾一下导致大萧条发生的条件。

到目前为止，我们已从经济的角度很好地阐释了 19 世纪末的这场结构性危机。相伴而行的是一场名副其实的技术和组织革命。这场管理革命通过科技和分配等具有方向性的重要的变量得以说明，它与利润率下降相背而行。因此大萧条又拥有了一个自相矛盾的特点。[①] 为什么一个良好的过程会导致如此的灾难？在分析中，我们将再一次以美国为例。

19 世纪末危机的结束隐藏了某些弱点，在这些弱点中有两种类型是可以辨别的。第一种类型与技术变革对生产体系不同组成部分的非均

---

① 19 世纪末的危机和大萧条之间本质的巨大差异致使我们在解读长波理论时变得非常谨慎。关于这种解读，可以查阅 P. Dockes 和 B. Rosier：《经济的韵律——社会变迁与危机：历史观点》，巴黎：La Découverte/Maspero 出版社 1983 年版。

衡影响有关。第二种类型与货币和金融制度以及政策有关。

美国经济脆弱性的一个基本因素是其生产体系的较强的异质性。很自然，在20世纪初不是所有公司都能在技术的、组织的、管理的变革中走到前列。公司的脆弱性远多于先进性。分辨生产体系内的两个因素是可能的，一个因素深深地根植于变革之中且一直发挥作用，另一个因素实际上对变革很陌生，我们无法利用它。

这种二元经济结构是管理革命所固有的风险，且几乎是提前设定的。在金融的支持下，这种革命在某些大公司内发生。大的金融家操纵大量资产，控制已有的公司和创立其他公司。从通信和运输业开始，管理革命扩散到工业和配送业。尽管这些公司在那时被叫作垄断企业，因为它们拥有巨大的规模，但它们并没有拥有全部的生产部门。相当多的传统的小型企业与它共存。这些公司从没要求调整公司的规模以改进管理或采用更有效的技术。它们从没有得到过金融的保护——这两个因素是相连的。"异质性"这个术语指的就是这种现象。20世纪初美国经济在重要的生产部门既有新兴企业，又有传统老企业。这些企业在组织和技术方面保留着传统。

19世纪20年代汽车制造业提供了一个极好的例子来说明这种二元经济。① 与我们想象的相反，无数的小企业使用陈旧的生产方法，还能够与身边的巨头（像福特和通用公司）共生存。最新的科技和管理对这些小生产者来说是陌生的。

人们必须考虑两个发展和运行非均衡的部门之间共存的条件。小公司如何能够在管理和技术革命的情况下继续生存下去呢？就像我们看到的那样，反托拉斯法没有阻碍大公司的发展，反而使老的部门获得了一定程度的保护。价格结构似乎最终得到了调整，在一定程度上保护了落后部门的盈利能力，这给大公司留下了一个可想象的利润空间。但是只要商业繁荣，落后部门注定要消失。在19世纪20年代，老的部门尽其可能地发展（远离债务）。1929年当经济进入一个明显的衰退期，但还不是萧条时，这些部门的生存便成为问题。银行破产增加，债务无法偿还，银行体系不稳定，这将反过来瓦解生产体系的基础，等等。

---

① T. F. Bresnahan and M. Raff：《产业内异质性和大萧条：美国汽车制造业1929—1935》，《经济史期刊》1991年第51期。

第十九章　固有风险——1929年先例

不稳定的第二个因素与货币和金融政策、制度有关。金融霸权的第一个阶段表现为脆弱的金融组织的建立和明确宏观经济调控步骤的大量时滞（第十八章）。

大萧条由上述两个因素的累计效应所致，这个潜在的威胁与落后的生产体系和失控的货币和金融体系相联系。1929年的衰退演变成为萧条。①

在这里不可能叙述细节。始于1929年中期的所有的事情可看作在一个正常的衰退中发生。工业生产在1929年2月达到最高水平；到9月就已经降低了26%②。火爆的股票市场在10月崩盘。正如以前的恐慌中所做的那样，中央银行和银行系统得到股票投资者的帮助并很快地稳定住了股票指数。市场危机既没有引起衰退也没有引起萧条。1930年初，经济活动似乎平稳，不再衰退，但也没有出现真正的反弹。1932年初，危机卷土重来，一直持续到1933年，那时经济和价格跌至最低点，银行出现危机。然而经济仍需要信贷，不断增加的无法偿还的贷款使银行失去了贷款人的职能。银行系统通过投资政府债券来寻求庇护——这使其不会非常危险，但也不是非常合算。1933年初，银行危机即银行倒闭更加严重。权力一夜间从胡佛总统转移到罗斯福总统，在国家层面宣布关闭银行。

罗斯福总统采取的第一个行动是宣布银行放假，以货币正统神圣不可侵犯的名义结束了金融对危机的灾难性管理，并开始了罗斯福新政。

那些被认为有活力的银行很快又开业了。在这个特别恐慌时刻建立

---

① 对大萧条的解释经常引用"需求是被创造的"这一前提条件。这一前提有几种不同形式。如大萧条一样古老的消费不足理论仍然是法国最流行的理论，这一理论描述了一个与薪水相比过高的利润水平。参见 M. Leven、H. G. Moulton and C. Warburton：《美国的消费能力》，华盛顿布鲁金斯学会1934年版；M. Aglietta：《资本家管制理论》，伦敦：新左派书籍1979年版。在最近的研究中，艾萨卡·约书亚（Isaac Joshua）和我们一同反驳这个理论——20世纪20年代利润水平并不比其他时代高；参见约书亚：《1929大危机：美国危机》，巴黎：法国大学出版社1999年版。对于这个解释，艾萨卡·约书亚反对需求的不稳定性，需求的不稳定性与资本主义结构特征的发展有关，它使得需求越来越取决于市场和就业。我们不否认这种转变，以及这种转变带来的不断发酵的不稳定。依我们的观点，货币和金融机制的猛增起了更大的作用。在其他的研究中我们讨论（在不稳定趋势理论标题下）资本主义内部存在不稳定性增加的历史趋势，这只能通过改善来补救这种不稳定的制度和政策。我们的解释是，这种调整在20世纪20年代做得还不够。

② J. A. Miron and C. D. Romer：《工业生产的月度指数，1884—1940》，《经济史期刊》1990年第50期。

的被称为罗斯福新政的制度很特别。生产体系的各个部分被组织成协会、雇主和工会，它们联合起来得到政府的保护。这些措施的目的在于通过采纳市场份额的相关协议打破当时的恶性竞争。这些措施试图通过限制最低价格和最低工资干预通货紧缩。风暴过后，这个制度被认为是不符合宪法的。为了阻止价格崩溃（通过提高进口原料的价格），美元被迫贬值。政府仍致力于平衡预算，但开创了一个工程项目来振兴经济。与自由放任的经济政策相反，那时的两个主导的经济思想，一是通过提高工人的购买力来创造足够的需求，二是管理被认为对这次危机负责的金融行为。同时，政府接管坏账、调节货币和金融系统功能从而使金融机构重新运作起来（栏目18.2）。

不管这些德拉古式的措施，淘汰生产体系仍继续着，企业在关闭，人员在失业，产出依旧很低，但从1933年起产出开始回升，1937年又开始下降，这被看作使罗斯福转向赤字预算政策，使美国相当大部分转向凯恩斯主义经济学[1]。实际上，是战争才使美国经济摆脱危机，通过强有力的国家干预，使经济活动接近生产的最大潜力。

总结这次危机，即使危机的国际层面很重要，但我们也不考虑它。美国成为世界危机的中心，是因为它从危机一开始时就坚持走变革之路，变革是危机的根源所在。生产体系的异质性和货币与金融创新范围极广。美国与世界其他国家的关系沿着两个方向行进。美国经济的崩溃使世界贸易和金融变得不稳定。反过来，国际货币和金融机制的稳定性也被回归金本位制的努力所削弱，特别在法国，只是处于一般性的通货紧缩。危机的国际层面本应该使各主要发达国家采取同样措施，如同国际合作一样。任何国际机构都没有能力使经济恢复。纽约和伦敦金融市场在相互竞争。世界货币体系的双重领导机制经常被认为是危机的主要原因[2]，但是也有相反的争论[3]。不管怎样，代理机构决定尽一切所能建立与其任务相适应的国际金融机构，它们不受任何国家的管制。当时的一个重要特点（与当代完全相反）是各国拘泥于传统的货币规则和金本位制，还受灾难性的通货紧缩的影响。

---

[1] H. Stein：《美国的财政革命》，芝加哥大学出版社1969年版。
[2] C. P. Kindleberger：《萧条中的世界，1929—1939》，伯克利：加利福尼亚大学出版社1973年版。
[3] 美国无以竞争的统治地位在当前时期也可被解释为使不稳定发酵（第十二章）。

第十九章 固有风险——1929 年先例

大萧条是可以避免的还是不可避免的呢?其他政策阻止这场灾难了吗?这些问题引发了一系列的问题。

首先,我们必须要问清楚强有力的干预的最佳时间是什么时候:是1932年,当危机在危机中爆发时吗?是1929年早期过热的经济预示着即将来临的衰退时吗?是1913年,设想建立中央银行并明确它的任务时吗?是世纪之交货币和金融机制发挥作用时吗?是19世纪末,美国的二元经济被认识到的时候吗?

其次,其他问题必须从我们所允许的可选择的政策的概念的自由度出发。在重写历史时,我们是否允许自己改革机构,或者在我们不触动当时的制度框架的前提下构思其他政策?很显然,我们必须从美国货币体系和当时的问题出发。然而十分清楚的是,强有力的干预是必要的,反过来也意味着对所有机构的彻底大检查。

正如所写的那样,这场危机不是早期经济政策的错误[①],但也不能因此说没有错误。大萧条中潜在的因素使经济处于相当危险的境地而不得不面对前所未有的状况。美国经济从来没有包庇不稳定因素——生产体系的异质性和货币与金融机制的异常增长。经济官员没有在1929年失去理智。在问题的敏感性和特有本质一定的情况下,起初他们坚持原有的态度和所谓好的金融规则,这些规则的效果是灾难性的。但是,这种特别情况一直受到正统规则的批评——它们代表了统治阶级和从最落后的到最具创新能力的阶层的利益。从最近的1907年的金融恐慌到1921年的危机,在这一系列危机的影响下,金融已经取得了制度上和政策框架上的进步,但也常常是沉默寡言和迟缓。这个进步不足以解决当时的问题。在特定历史条件下统治阶级的责任令人质疑。从统治阶级对类似情况缺乏经验和他们保护自己的特权可以看出,大萧条的情况使统治阶级很吃惊。

如果我们摆脱历史和社会条件、权力和学习进程的束缚,危机是有可能避免的。那么我们应该做什么呢?我们本可以在两个层面上采取行动。第一,考虑到危机的潜在条件,两种类型的干预是必要的。一方面,落后部门不应该从被动的保护中受益,而应在外力的帮助下自我变

[①] M. 弗里德曼和 A. 施瓦茨:《美国货币史 1867—1960》,普林斯顿:普林斯顿大学出版社 1963 年版。

革，否则它们不得不被淘汰。另一方面，货币和金融机制的发展应该同时有一个集中的、国家宏观经济稳定的调控框架，这种框架可摆脱私人金融。这意味着一项真正的货币政策要求相应的制度的建设，该制度要以经济活动为目标而不是以狭隘的金融行业的利益为目标（银行和股票市场）。第二，就危机本身而言，应该大力支持商业并且通过信贷和公共需求（赤字）使其获得持久的基础——如果在这之前，落后部门没有顺利消失，就需要对商业进行更多的支持。

当还不知道上述的做法就责备官员是很幼稚的。统治阶级不会以这样的方式来创新。他们不会以自己的学识和对事件的预期为基础来采取行动，也不会做与自己的当前的利益相矛盾的事情。只有严重的危机才能使这样的转变发生。

对大萧条最引人注目的分析可以从19世纪末的结构性危机后期中看出来。19世纪末的这场危机引起了新生产体系结构的发展，即空前高效的大型股份公司的出现；它加快了金融系统的变化，使之与以前大不相同，且与生产体系紧密相连。这些变化发现它们自身向货币和金融体系出现的方向自然延伸，货币和金融体系的出现与这些变化相适应。但是这些变化与适度的宏观经济调控过程不一致。尽管生产体系有异质性，但这个阶段是以主要变量的变好包括特定的技术进步为特点（劳动和资本的盈利能力），对分配、工资和利润率产生相同的影响。大萧条在这样的背景下以令人不安的方式发生——一方面是向有利的方向发展，另一方面是萧条。但是这个矛盾是显而易见的——正如在危机末期对危机所解释的那样。

第 二十 章
资本的流动性和股票市场的狂热

当前主要发达资本主义国家的状况和大萧条时期的状况非常相似。在最一般的水平上，这两个时期可以看作是结构性危机的结束。在19世纪危机结束的20年，资本主义沿其道路发生了一场深刻的变革，从而带来了一系列的技术进步。今天所出现的一切没有相同的社会深度，但是从组织和技术进步来看，从广义管理来看，它似乎将导致一个用来说明技术变化的主要变量的一个新的过程——特别是资本生产率，它有利于提升资本盈利能力。

对大萧条的分析以及近期所投下的阴影告诉我们，如此结束危机会带来某些危险——全部系统的稳定性没有通过适当的政策和制度进行控制。当转型，特别是公司转型与货币和金融创新并存的时候，情况更是这样。

我们越是了解详细信息，就越能发现当前主要发达资本主义国家和大萧条时期惊人的相似。自20世纪80年代以来，就像在20世纪20年代，技术革命的浪潮对公司的影响是非均衡的（跨国公司过得去，但众多中小型国家公司延期减少其债务，有着处理新技术的困难期）；金融创新层出不穷；股市飙升，接着在2000年后崩溃。金融丑闻、银行危机和其他金融机构的破产数上升。一切似乎表明这场危机很像20世纪30年代的那场大危机。

对20世纪初的几十年的分析表明，从技术和组织方面看，公司的异质性表现出的威胁在20世纪30年代大萧条期间第一次被具体化，20世纪30年代的衰退始于1929年商业和价格的崩溃。20世纪80年代中期以来生产系统的异质性应该被解释为潜在脆弱性的一个来源，这种潜在脆弱性应该能在2000年严重的衰退期间被人们感受到（可能与股票价格的下跌有关）。

20世纪最后十几年里股价暴涨及自2000年以来的下跌意味着什么样的危险呢？1929年10月的市场崩溃让人们记忆犹新，在这些方面，目前的状况和大萧条时期很像。除了股票价格下跌的影响外，人们可以想象银行危机（像那些发生在1930年和1933年之间累积性的银行破产运动）或者伴随着导致经济不稳定的货币汇率痉挛式的发作，或者是私人或政府债务破产。解决问题的方法和形式很多。

20世纪90年代后期，严峻的股市和更广泛的金融危机的可能性不仅在一些激进的新自由主义批评者的脑中形成，而且这种可能性在很大程度上被联邦储备委员会的官员和主要的国际金融机构认识到，这种可能性被不断地重复声明。当然，这些声明在保证、关切和警告之间取得巧妙的平衡，但其内容是明确的——世界经济遭受金融危机的威胁。

为什么如此清晰？证实这种实际情况的方式很容易把握。全球国际货币和金融危机的不断重复已经说服世界金融机构的官员们发生风险的事实。1987年的股市崩盘仍然让人们记忆犹新。一些市场如东京和近几年被金融和货币危机打击的国家经历了残酷的转变。许多专家一致认为，发达资本主义国家的股价在再调整前已被明显高估了。

法国和美国的股价上涨是显著的（图15.4）（德国和英国的市场经历了类似的增长）。1982年到2000年间，美国因为通货膨胀使修正后的股票价格放大了5倍，2000年的水平是1965年的2.9倍，1965年的股价一直持续到1974年股价下降为止。关于这样的水平能说些什么呢？在这里，我们应采用两个传统的比率，它们可用来强调2000年美国股价水平有多高并显示正在进行调整的程度。

经常用来测量股价的是一个比值，即股票数量乘以其价格与公司的账面价值之比（附录B）。市场价值是市场与公司作用的价格；会计提供了另一种估计。所考虑的变量是这两个估计值之比。它被称为托宾q系数。

图20.1描述了托宾q系数在美国的演变（用季度数据）。从1952年到1963年间，托宾q系数从0.5上升至1，这是一个令人放心的值。之后在1968年升至约1.3。与股票价格一样，q系数在20世纪70年代结构性危机时急剧下降（与股票价格相似的状况并不令人感到奇怪，因为公司重置成本的变化非常有规律，托宾q系数的突然变动反映股票价

格的波动)。q 系数可分为如下三个阶段。1995 年逐步上升到 1。只有在这一点上它是领先的，2000 年第一季度期间为 1.8，打破了 20 世纪 60 年代的纪录——20 世纪 90 年代后半期运动的特征。然后迅速下降，2002 年第四季度为 0.83。

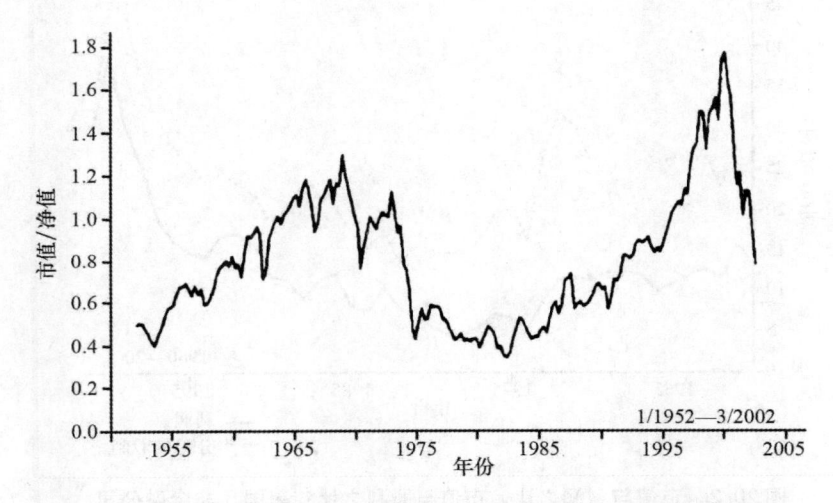

图 20.1　市值与净值的比率（托宾 q 系数）：美国，非金融公司

与新经济相关的证券居于这场运动的重要地位。在这个行业中，企业重置成本和市场给出的估价的比率达到了令人难以置信的水平，这反映在令人吃惊的不断上升的纳斯达克指数之中。1999 年 8 月至 2000 年 3 月间纳斯达克指数就开始无节制地上升，甚至上升了 110%，而标准普尔 500 指数几乎保持不变。此前，纳斯达克指数像标准普尔 500 指数那样变化，因此该指数的增长可用 1999 年以来，而不是 1995 年以来一般价格的急剧上升来解释。

人们可以从产出的角度观察股价。公司股份资本化可看作公司利润总额（价格与收入之比）或被分配的股利的倍数。这两个比率都可以在反映美国状况的图 20.2 中看到（市值与股利之比明显高于市值与利润之比，因为只有一小部分的利润被分配了）。

图 20.2 中的市值与利润之比证实了图 20.1 给出的诊断，即 20 世纪 90 年代后期股票价格的疯狂上涨。从 1960 年到 1972 年间，市值相当于 10—16 倍的利润；由于股价下跌，加之对公司盈利能力下降的过

度反应，市值与利润之比下降到 5 以下。20 世纪 80 年代后半期的水平大致与危机前的一致，2000 年市值的大幅上涨使这一比值为利润的 39 倍。

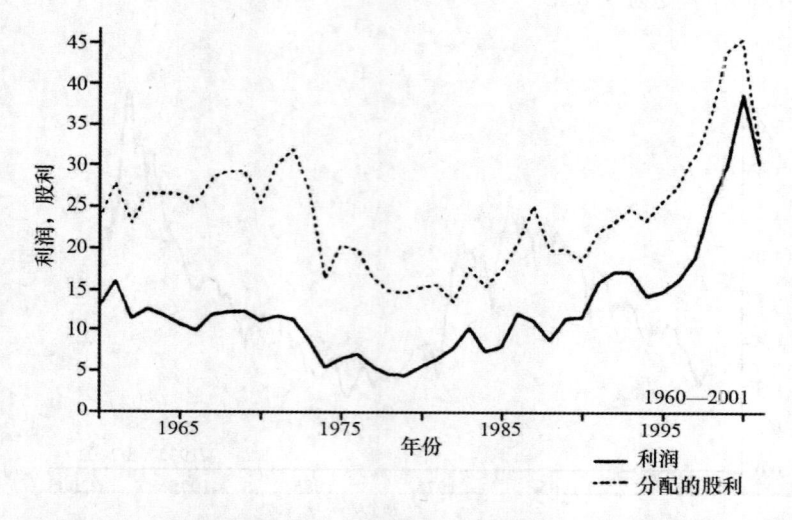

图 20.2　市值与利润之比，市值与股利之比：美国，非金融公司

相对于市值与已分配的股利之比，第二条曲线揭示了类似的轮廓：起初是平稳的，结构性危机期间先下降，后上升。利润分配给股东的百分比（图 9.5）解释了这两条曲线之间的缺口。危机期间股利的下降解释了为什么市值与股利之比下降比例小于市值与利润之比。尽管市值与利润之比上升了，但我们发现它没有迅速恢复到危机前的水平，而是自 1985 年以来逐步上升，2000 年上升的速度明显快于危机前。因此，股票价格相对股利看起来偏高，但从比例上看比利润相对要少，这是因为新自由主义股利分配增加的原因。

看反向比率可能更直观：利润或股利除以市值。表 20.1 中给出了相应的值并得出相同的结论。① 人们尤其可以观察到，与危机前的价值（1960 年至 1973 年）相比，2000 年低产出率表明市值利润与资本总额之比是 2.6% 而非 18.7%。股利与市值之比是 2.2% 而非 3.7%——股

---

① 市值可当作分母，因为它比利润或股息更容易变化。这两个比率在危机时期和 2000 年低迷时期都很高。

利收益的小幅下跌表明分配的增加。

表 20.1　　　　　　　　　　股票的收益　　　　　　　　　　单位:%

	1960—1973 年	1974—1985 年	1986—1995 年	2000 年
利润/市值	8.6	15.9	7.7	2.6
股利分配/市值	3.7	6.2	4.6	2.2

推测市场价格水平很有诱惑力——我们理性地认为，新自由主义未来风险很大。然而，人们应保持谨慎——关于这些价格并没有既定的理论。在这里我们不能运用投机泡沫理论或仿学理论。我们在一般分析的水平上继续进行，价格似乎与双重逻辑相对应。第一，某个公司如果成为其他公司潜在的金融投资对象，则这个公司具有一定的价值，这是公司内部增长的一种选择。第二，持有股票可保证其主人有一定的收入和股利。这些逻辑是预期复杂运动的关键。新自由主义用这两种方式驱使价格更高——兼并浪潮和公司间相互依存的网络的较普遍的发展（第十三章），新自由主义改善了网络的发展，股利分配自第二次世界大战以来以前所未有的速度发展。撇开理论基础的匮乏，这种分析的局限性可以在所考虑的变量的全球性特征中找到——不考虑行业和公司之间异质性的强度。

在股价崩盘之前，股价的上涨可以用有关美国共同基金和养老基金的超常增长来解释（图 13.2）。这个解释还不明显。正如我们已经表明，基金的增长仅仅是证券从最初的家庭直接持有转向基金的一种解释。总之，无论拥有或不拥有基金，家庭持有的股票比以前少（图 13.4）。不加入其他因素的分析而认为是基金对股票的需求导致价格上升的讨论是不可能的。

不管这些基本指标的基本特征是什么，如果我们认真对待它们，我们会发现它们指向过度投机。它们揭示了惊人的价格水平——在 2000 年达到高点时价格翻了一倍，现在如所预料的那样正在回落。

与大萧条的相似之处在这里特别被标了出来。金融霸权的两个时期冒着产生同样结果的危险。然而，人们应该记得，根据我们的分析，华尔街价格的下跌不是 20 世纪 30 年代大萧条的根本原因。它成为形成 1929—1931 年危机第一阶段的原因。但是，为了避免大量抛售股票，美联储迅速下调利率以便与市场关系密切的金融机构能获得新的融资。这场有力的干预迅速阻止（价格——译者加）的下跌。

与市场投机无关，当前形势的主要方面之一是国际货币和金融的不稳定性，这在第十一章有关金融危机蔓延中做了讨论。某些国家的危机尤其是中心国家的危机动摇其他国家的经济并产生持久的大范围的恐惧。值得注意的是，这与早期金融霸权有差异。20 世纪 20 年代，尽管现金储备缓解了国际货币体系，但国际货币体系仍是黄金标准。[1] 定义货币平价与黄金有关。资本在世界各地流动，但这些流动在新自由主义内缺乏运动的活力。国家控制黄金的流动，也就是资本的流动。在这里，我们所指的不稳定因素是新自由主义。

从国际货币和金融进程来看，金融为自己创造了一个高难度的挑战——协调资本的自由流动及金融的稳定性，但又不要沿中央集权的道路越走越远，这是金融害怕的地方。除了审慎监管法规的自我规则和永久压力外，金融的主要方法仍是中心国家和国际金融机构的事后干预。私人资本是自由的，金融通过强加规则和监督行为来约束私人资本。金融在危机时突然进行干预，假装为重归繁荣做出贡献。形势更令人吃惊，因为金融可以鼓励国际组织演变成真正的中央世界银行，同时仍继续控制着它们——这在未来是可以做的，但可能只有在一定的约束下才行。与国家金融机构的历史进行比较将要完成（第十八章）。

如何平衡由美国主导的新自由主义世界的优势和弱点呢？新自由主义世界在危机后期会进一步陷入危机吗？历史会以这样的规律重演吗？似乎很清楚，引发新一轮的重大危机的条件是存在的，但事实是，调整是必要的并不意味着这种变化必然是灾难性的。最落后的、仍发挥作用的生产部门将不得不适应，否则将被淘汰（最强烈的紧张局势随着一场经济衰退，或几场经济衰退的开始而开始，像机枪扳机一样一触即发）。无论危机的规模或扩散的速度是什么样的，股票价格将不得不做出调整。货币汇率的波动和过度的资本流动将必须做出调整。美国经济的内外部失衡和不断增长的债务必须得到遏制，这可能是调整方面最困难的。不过，虽然调整的必要性毋庸置疑，但调整的方法仍有待确定。限制过渡时期潜在的破坏性，那些对世界事务负责的人知道如何领导这个

---

[1] W. A. Brown：《国际金本位的重新解释》，纽约：NBER，AMS 出版社 1940 年版。

过渡期吗？那与新自由主义的选择一样吗？

目前金融头脑中有大萧条。官员们只要读报告就信服了。金融知道，它会在这样的灾难中失去大量的金钱，更严重的是危及其霸主地位。然而，作出评价的一个重要因素是这样一个事实，即20世纪30年代的大萧条已经发生过。任何向中心国家进行进口的干扰都会招来疯狂的国家干预——这并不意味着这一行动将能够扭转局面。我们可以说将不会重复1929—1933年的放任自流。或者金融控制局势将我们引入一个新的、更集中的新自由主义阶段，或者金融让我们超越新自由主义。这种选择不仅仅依赖于金融——它不是唯一的社会力量。

2000年美国经济增长率的下降和新一轮的经济衰退使1929年更令人关注。股票价格正在得到调整。很显然，市场萎缩时期要使宏观经济稳定似乎很困难。一方面控制市场的软着陆另一方面刺激经济是必要的。市场贬值会破坏金融体系的稳定性，实施货币政策需要一个不可缺少的过渡带。虽然部分路段已经走过，但是还有很多方面仍维持原样。2001年9月发生的事件刺激了公共开支，也增强了美国政府支持经济的决定。人们不会忘记，20世纪30年代美国通过第二次世界大战结束了经济萧条。不仅通过降低利率，而且更直接地通过公共支出刺激经济活动，这是为了避免经济下滑和发生更严重的危机，当然还有许多事情要做。

然而，在美国霸权主导下，新自由主义面对的一个主要矛盾是保护金融机构及其稳定性的决心以及对外围国家金融危机的非法利用。到现在为止，这些危机给美国经济所带来的影响已经得到遏制，但它们在世界各地蔓延的风险显然是真实存在的。

假定经济衰退始于2000年，我们能说凯恩斯主义政策复活了吗？正如我们已经指出，相反，新自由主义并没有削弱旨在稳定主要资本主义国家的政策。工具在那里，但政策目标已经改变。这是货币政策和预算政策的真实所在。① 2001年秋天的问题不在于是否刺激经济，而是如

---

① 凯恩斯认识到，只要私人机构愿意借款（也就是说，由于风险和利率的水平低，只要银行机构同意贷款），在货币政策中就能看到决定宏观经济稳定性的决定性因素，政府赤字在任何情况下都可以被使用，但是其本质是，当情况恶化到这样一个程度，以至私人机构对信贷需求不足，或银行系统不贷款。关于这些问题，参见 J. M. 凯恩斯：《繁荣的方法》，转引自《约翰·梅纳德·凯恩斯作品集》，伦敦：皇家经济学会出版社1933年版，第11辑，第335—366页。

何刺激经济。很简单，除了货币政策，可选择的是增加支出，如失业的安置（这将有利于拥有最少特权和受危机影响最大的阶层），通过降低最高的税级以增加收入（这将有利于最高收入者）。这次辩论沿袭了把民主党和共和党区分开来的传统路线。

第 二十一 章
金融霸权的两个时期之间：繁荣的 30 年

当新自由主义最热情的鼓吹者面对第二次世界大战末期至 20 世纪 80 年代发达资本主义经济表现的时候，他们就没有那么安然自得了，特别面对欧洲和日本的"辉煌 30 年"。新自由主义的辩护建立在转瞬即逝的和有记录可查的增长和进步基础上——病态方面几近结束。在他们看来，始于 20 世纪 70 年代的危机说明了这些。左派一方，有人仍旧否认这 30 年是辉煌的，他们的论点建立在令人震惊的剥削方式的基础之上，这种剥削并未减少——它刺激了这种进步。但是绝大多数人依然怀旧。

第二次世界大战前 10 年的繁荣依赖两大支柱——一方面是有利于技术进步和制度的条件日趋成熟，另一方面是普遍称作凯恩斯式的政策。在欧洲和日本，劳动生产率快速提高，资本—劳动比率的上升表明主要发达国家的经济很快会赶上美国。就像在美国一样，资本盈利能力强。这些令人愉快的发展使通过社会斗争获得工人购买力的实质性的提高和拥有社会保障体系成为可能。① 在有些国家，国家喜欢制定旨在发展国民生产体系的工业政策。有时候国家通过国有公司直接控制生产系统的主要部分，特别是某些基础工业和公共服务。尽管布雷顿森林体系允许外国投资，但实际上，它允许每个国家控制其汇率，无论什么时候国家感到有调整平价的必要时，使临时限制资本的流动具有可能性（栏目 18.3）。政策的实施在于稳定经济、刺激增长和促进充分就业。通胀

---

① 在这里我们应当区别"辉煌 30 年"可能创造出什么和什么促成了"辉煌 30 年"。我们认为，工资的增长不是繁荣的众多因素之一，相反，我们相信在不危及经济增长的前提下，繁荣为赢得工资需求创造了条件。这是与调节学派不同的地方，调节学派解释了劳动生产率和工资共同增长使战后头 10 年实现了繁荣，这与 20 世纪 20 年代那段时期形成了对比。参见 R. Boyer：《调节学派：一个批判性的介绍》，纽约：哥伦比亚大学出版社。

被控制在可忍受范围内并将实际利率维持在较低水平，这可确保收入的转移，这种转移有利于代理商的投资如公司或某些正购房的家庭。

技术变化、制度和政策的联系如此之强，以至于当技术进步的有利条件消失和下一轮结构性危机来临时，试图沿用以前的政策的尝试必定失败。战后繁荣不能建立在一般性推广的公式的基础上，至少不能建立在未经任何修改的公式的基础上。所以，不应忽视教训。

本章着眼于对第二次世界大战后繁荣时期的三个主要方面的研究：公司治理、国家的角色以及资本国际化的方法。

第二次世界大战后，相对于公司所有者，金融权力有所减少，管理者自主权有所增加。我们对试图描绘20世纪60年代和70年代发展的数量平衡表的任何研究并不熟悉。但是，很多美国和法国的分析员已经明确地认识到了这个事实本身。关于管理的资本主义的研究已经很多，尤其在美国。管理的资本主义是指拿工资的管理人员管理和采用相对自主的方式行使他们的权力。[1]

公司所有者和管理人员关于公司权力问题的辩论使人想起20世纪初人们对权力从公司所有者（股东）向管理人员转移这一现象的反应。[2] "公司统治"这种表达通常用来描述新自由主义下，金融强加给公司的纪律。金融要求重建公司所有者的权力并且管理人员要屈从于股东的利益。金融并不要求公司所有者直接管理公司。

多多少少有些技术官僚色彩的，或者说有多种替代方式的管理权力已经被提出来了。有些人，比如扩展了20世纪初理论的约翰·肯尼思·加尔布雷思（John Kenneth Galbraith）已经从管理人员特别是工程师中看到了未来公司的领导者，他们赢得了与股东一样的很大程度的自主权，他们更倾向于增长和技术进步而非利润率。[3] 公司被看成不同的参与者之间妥协的场所，这些参与者包括公司所有者、经理、工人、工会和公共机构。François Bloch-Lainé 用这些术语把法国描述成与它20世纪

---

[1] 参见A. D. 钱德勒：《看得见的手：美国商业管理革命》，剑桥：哈佛大学出版社1977年版；K. 加尔布雷思：《新兴工业化国家》，伦敦：企鹅图书出版社1969年版。

[2] 参考A. Berle and G. Means：《现代公司和私有资产》，伦敦：麦克米伦出版社1932年版。

[3] 加尔布雷思：《新兴工业化国家》。

60年代一样，并讨论建立一个新的"公司统治"。① 他在这个发展中的社会化里发现了集体主义的替代物。这些作者与20世纪初期管理理论的最早提出者一样，把管理人员看作开明的领导者。

不管使用什么样的专业术语，也不管资本主义的规则是什么，② 应该强调的是资本主义不仅运转，而且从技术进步和经济增长两个角度来看它都是有效率的。在战后繁荣的十多年里，虽然股东的权力被控制了，但进步丝毫没有停止。

自从第二次世界大战以来，国家的经济角色一直是被广泛讨论的话题。在这里我们不强调宏观经济政策或者社会保障体系的发展。国家引领经济几乎遍及世界的各个地方，如美国和欧洲的其他发达国家，还有日本。

国家在科研、技术以及工业发展方面扮演了关键的角色。即使美国拥有武器、空间探索、电力学等，它也不能成为这个规则的例外。政府向私人行业发出的命令刺激了商业活动和新技术的发展。欧洲国家、日本以及其他国家如韩国把它的发展建立在研究由国家和工业政策提供大量融资上。

日本的国际贸易和产业部经常被当作案例来分析。③ 日本在20世纪90年代危机之前，追赶上美国并与美国经济竞争的非凡能力震慑了很多人——很多人有这样的反应是因为这个国家的发展战略是出口导向型的。国际贸易和产业部成立于1925年，就如第一次美国新政一样（第十九章），国家、技术和管理人员（通常称作官僚主义者）是中心。国际贸易和产业部的活动以一种非常务实的方式着眼于增长和技术进步。它依靠大型私企和强有力的国家干预。当遭遇经济危机时，国际贸易和产业部不得不保护中小型公司；这些中小型公司也采取行动鼓励集中。保护主义是其中的重要因素。有时候国际贸易和产业部的活动被描述为进行一个庞大的世界市场的研究，这使人想起法国式的计划，但是这个研究被辅之以一定数量的诱因，甚至限制。韩国的发展沿着类似的路径

---

① F. Bloch-Laine：《记一次企业重组》，巴黎：Seuil 出版社1963年版。
② 在法国，术语"混合经济"或"第三条道路"曾被使用过。
③ 参见 C. 约翰逊《MITI 和日本奇迹：产业政策的增长，1925—1975》，斯坦福大学出版社1982年版；C. Sautter：《巨人的牙齿：正在征服世界的日本》，巴黎：Oliver Orban 出版社1987年版。

前行。① 新自由主义传入韩国比欧洲晚，并且只是部分地强制实行。从这些情况来看，我们可以提出"第二次新自由主义震荡"（栏目 21.1）。

栏目 21.1　对发展模型的挑战：日本和第二次新自由主义震荡

比法国更甚，日本通过银行信贷为非金融企业的成长融资。日本是在一个特殊的制度架构下、在享有特权的条件下以及在有利的利率水平（负的实际利率）的背景下做这些的ᵃ。这一体系使资源在银行体系和公司之间开始转移，它对后者有利。随着 1979 年政变，日本资本市场通行的利率上升了，美国市场也是，但是利率的上升只部分地对非金融企业有影响，因为银行并不采用这些利率。20 世纪 80 年代初期仍旧被人们看好的资源转移明显减少了，但直到 20 世纪 90 年代初期它仍旧发挥作用。从这个角度来讲，日本有力地抵制住了第一次新自由主义震荡。

第二次新自由主义震荡削弱了日本的增长能力。这发生在 1985 年到 1990 年期间，公司融资结构从银行融资转向典型的新自由主义的资本市场融资ᵇ。这可以在图 21.1 中看到。变量表明这里有新的银行贷款和对资本市场的需求（股票、债券和商业票据）。这些总额与货币和金融资产总额相除ᶜ。该图可以同时估计筹集到的资金量以及新的银行贷款和对资本市场的需求的流量的相对价值。1960 年，新的银行贷款很高并完全居其他因素之上。伴随着 20 世纪 70 年代的危机和较低的利润率，资本积累下降了，对银行贷款的需求也下降了。但是作为融资方式之一的银行贷款仍处于主导地位。

如我们之前所提到的，与新的银行信贷相对应的在资本市场上对融资需求的飞速发展发生在 1985 年到 1990 年间。这 5 年恰恰是资本市场迅速发展所推动的金融泡沫的五年。股票价格飞涨，当市场还未扮演重要的角色的时候，1990 年的股票价格约为之前的 5 倍还多。在这 5 年期间，银行转向房地产部门，导致我们熟悉

---

① 艾丽丝·阿姆斯丹坚持认为技术人员、工程师有突出的作用。参见《亚洲的下一个巨人》，牛津大学出版社 1989 年版，她关于管理自主权方面的分析一直处于前沿。

的投机的增加。第二次震荡加剧了 20 世纪 90 年代日本的经济危机——这使日本经济几乎停滞。如图 21.1 所示，银行贷款和资本市场的需求都减少了。与此同时，非金融公司停止了投资，经受泡沫紧缩震荡的（下降了近 75%）银行体系再也无法担任货币政策的传输带（同时，那些举债买房的家庭为不堪重负的债务而斗争）。

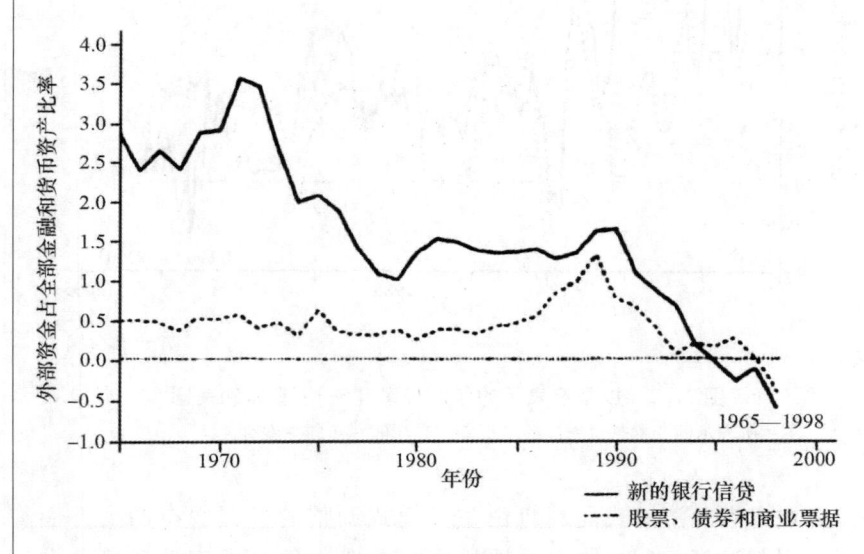

图 21.1　为日本非金融公司融资的外部资金来源（其占全部金融和货币资产比率，%）

图 21.2 比较了日本和美国增长率的不同。从图中我们可以看出，美日经济增长率在 20 世纪 60 年代非常高（约为 10%）。与美国和欧洲经济一样，日本经济受到了 20 世纪 70 年代经济危机的重创，但是日本的增长率直到 1991 年仍保持在一个相对较高的水平，参考结构性危机，可以发现日本发生结构性危机并不像欧洲那么普遍。第二次新自由主义震荡之后是 20 世纪 80 年代后期增长率的上升时期。在这段时期，日本模式被描述为为未来开辟了新的道路，而且据说美国经济已经失去了它的优势。这样的好局面是短暂的，20 世纪 90 年代日本经济陷入停滞。尽管日本能够

使自己免受第一次新自由主义震荡的影响，但是第二次新自由主义震荡摧毁了日本模式。

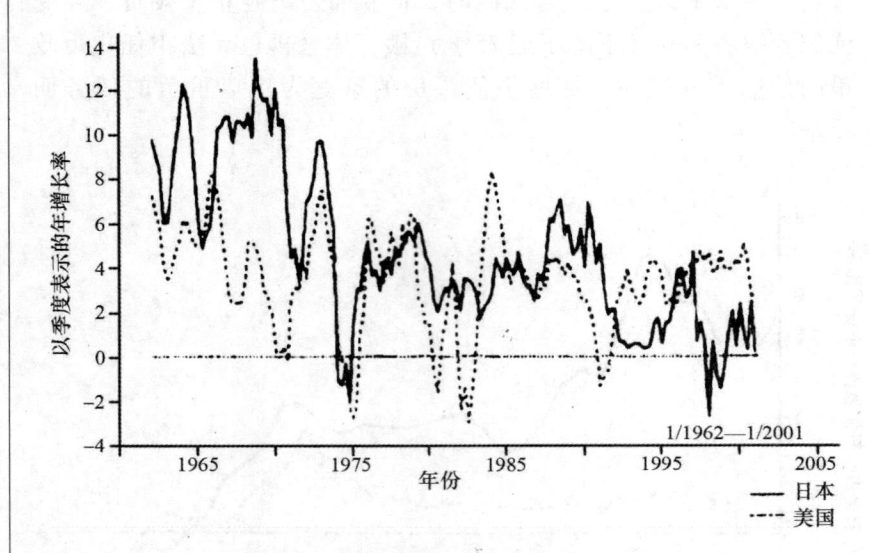

图 21.2　以季度表示的年增长率（%）：日本和美国

注：所表示的变量是每季度的增长率，其与前一年同季度有关。

在日本经济模式向新自由主义模式调整的过程中有两个方面需要引起注意。金融的主导地位意味着资本的自由流动和可盈利的金融部门的建立都是为了自身，而不是为了非金融公司的活动而融资。这两个特点包括拓展所涉及的领域，减少限制和削弱传统特权。

我们需要更全面的分析，但最主要的是研究日本的技术和分配趋势。目前可得到的数据显示，利润率急剧下降的状况并没有在 20 世纪 80 年代有所逆转。尽管利润率下降，但是日本模式是否能继续呢？它不能有一个转折点来改变对技术变化不利的趋势吗？这些趋势能逆转吗？新自由主义规则在其中扮演了什么角色？它会让日本经济付出什么代价？寻找一个替代品的机会是什么？

> a. K. Miyashita 和 D. W. 罗素：《经连会：隐藏着的日本集团》，纽约麦格罗－希尔国际出版公司 1994 年版。
> b. T. F. Cargill："中央银行，日本金融监管的变化"，出自 M. Blomström、B. Gangnes and S. La Croix 主编的《日本新经济：21 世纪的继续和变革》（牛津大学出版社 2011 年版，第 145—161 页）。
> c. 正如我们在第十三章分析美国和法国那样，我们本应该考虑固定资产总量和存货，但这个变量没多大作用。

瑞典提供了另一个令人感兴趣的例子。由贸易联盟支持的瑞典社会民主政府，发现自己在战后面临着必须使其经济走现代化的道路。该政府将 1951 年的瑞恩－梅德纳样本（Rehn-Meidner Model）作为工资政策体系的核心，该政策调节工资的增长，但其目标也是工业化。为了确保工人的团结，他们保证工人同工同酬。在社会民主党人的决定中，他们不能适应企业时好时坏的表现——规定工资水平，这个水平可以使最先进的企业有盈利能力。技术上的和组织上的不足并不能由低水平的工资来弥补。因此，那些欠发达的部门要么进行现代化，要么破产。与此同时，最成功的企业有一定程度的盈利能力。失业是不可避免的，但是鼓励投资的政策用来维持就业水平。宏观经济关注的是用资金来帮助安置和再培训失业工人。除了这些政策以外，控制需求以防止通胀失控。①

除了转型的传播者和相应的权力布局外，在这里我们无法解释生产，还有资本家之间复杂关系的多样性。这些关系表明，在比凯恩斯主义妥协所拥有的更加广泛的金融抑制的环境下，国家机构中的管理人员、工人和工会、公司领导者、经理和公司所有者之间形成的大联盟存在很大的潜力。在这里我们能看到政策比凯恩斯理论走得更远。在金融将局势控制在自己手中之前，它害怕 20 世纪 70 年代的这些政策。是什么力量使回归和推广这些经验成为不可能？特别是，为什么瑞典社会民主党人除了更低的工资增长政策之外再没有其他政策？为什么日本经济对新自由主义潮流敞开大门？在美国霸权下，世界金融控制了局势。

且不说目前的金融不稳定状况，金融在重建和集中方面扮演着重要

---

① A. Begounioux and B. Manin：《社会民主之治》，巴黎：法国大学出版社 1989 年版；G. M. Olsen：《瑞典的经济民主斗争》，Aldershot Avebury 出版社 1992 年版。

角色，使它引以为豪的是它自身成为当今世界经济发展的源头，如鼓励技术的发展，增加收益和所谓的增长。金融不仅仅是工资冻结的创造者，也是资本盈利能力的创造者，该能力决定利润率的增长。新发现的效率被认为应归功于金融。

这是一个困难的问题。转型与20世纪70年代末危机的结束有关，尽管它涉及科技和组织，但这些转型处于如此境况以至它们无法摆脱那些下令重组生产体系的代理商而独立成功。从这一层面来说，金融处于核心地位，它居于发展的中心。与19世纪末的危机的结论如此相似，实在令人震惊。

金融宣称至少对三种行为负责。第一，金融通过自身对合并者的态度以及它在组织和融资方面的角色，使其在大型公司设立众多管理部门的过程中扮演关键角色。第二，尽管新自由主义是全球性的——也就是说，当把全球所有的公司都考虑在内，认为这些公司具有自筹资金的特征（第十三章），金融在把资金分配给新技术部门的过程中扮演着关键角色。第三，通过新公司治理体系，金融要求公司有较高的盈利能力（需要高利润率），这使提高效率成为必要。在不同领域里，人们可以很容易地认识到新自由主义的特点——它的目标，它对由被统治阶级和国家承担的成本熟视无睹以及金融不稳定性带来的风险——以上这些把新自由主义定义为具有侵略性的、暴力性的资本主义，即从获取利润的欲望中寻求效率。

问题是，金融能够因为其在重组中起到的作用就宣称自己对资本主义新局面的优点有贡献吗？应该把另一个问题补充进来——即一个可能会比凯恩斯主义对私人所有制的生产方式影响更深刻的激进的替代者，在没有金融存在的情况下能完成这样的任务吗？在没有这样的替代者的情况下，金融卷入其垄断的活动并不令人吃惊。但是战后的繁荣时期教导我们，技术变化和重组在没有金融的控制下也可以发展得很快，因为这已被这些年里大量的事实证明了。

我们陷入了国际体系，在那里每个政府的行动自由是受到限制的。这是事实。众所周知，导致汇率不稳定的资金转移随利率的预期和通货的波动而变化。通货和信贷经常成为市场上谈判和再谈判的对象。对于特定的代理商来说，问题是采取警惕的行为对付汇兑风险呢还是从更有利的贷款中获利；对于其他群体来讲，问题在于要从这些交易中获利。

这些机制限制、甚至使独立的政策无法实现。我们可以构建一个不同于新自由主义全球化的全球化吗？

布雷顿森林体系是第二次世界大战结束时提出的，但是战后它们的作用不能与当今世界货币基金组织的角色相混淆。布雷顿森林体系在战后繁荣以及欧洲和日本的发展中起到了核心作用（栏目 18.3）。除非为了重塑美国的优势，我们不需要放弃固定汇率或限制资本的流动。从逻辑上说，美元危机应强化世界制度，这些世界制度由独立于私人利益的国际组织来管理。但是相反的政策却随之而来。对在布雷顿创立的制度进行改革，它们使资本流动和对外直接投资变得可能（仅考虑第二次世界大战结束到危机这段时间美国资本进入欧洲，尤其是在第五共和初期流入法国的情形）。跨国公司的发展与国家发展政策一致，日本和韩国惊人的发展证实了这点。

的确，第二次世界大战后的第一个 10 年里，社会体制和经济体制未能阻挡 20 世纪 70 年代结构性危机的发生，危机发生了，但社会体制和经济体制也拯救不了危机。在这 10 年里通胀已成为累积性的了。这并不能证明我们不能沿着那些对战后繁荣时期做出贡献的规则设计可选择的规则，只能说明这些规则还没有被发现。很明显，假定金融的暴力斗争是为了重建其霸权，问题不是知识分子没有能力想出别的规则，而是社会和政治生态为凯恩斯式妥协的内部矛盾提供证据。

第五部分

行进中的历史

资本主义的作用以及它的历史性的变革可以用几种方法来评价。凯恩斯主义的解释强调的是资本主义机制缺乏本能地保证充分就业和金融稳定的能力（第二十二章）。从凯恩斯主义角度来讲，这些不足可以补救，也可以改革整个体系。为了做到这些，共同承诺维持充分就业和控制私人金融发展是很有必要的，这些责任需要由整个国家来承担。除此之外，资本主义的生产方式是有效率的，改革能够充分保证更多的社会公正，为了消除来自这样的或那样的霸权力量，为了用全球的公平的经济体系替代霸权力量，该体系是一个可被接受的体系，或者说消极因素最少的体系。

我们所做的分析是想证明这个诊断确实触及了资本主义的核心问题之一，但这种分析还是有限的。凯恩斯主义视角的自身局限性至少在两个方面是显而易见的。

第一，资本主义具有一系列导致长期的结构性危机的历史趋势。宏观经济政策不足以阻止或补救危机。在特定情况下起作用的制度和政策在其他情况下却失去效率；资本主义体系的更深层次的变革变得十分必要。凯恩斯想要使资本主义摆脱的失业，不仅是生产潜力和积累没有被很好控制的一种症状，而且也是资本主义技术变化和资本主义调节机制作用的结果。无论在什么情况下，消除失业可能吗？有必要吗？在各种情况下，废除资本主义调节机制可能吗？还有许多需要完善的地方吗？

第二，在趋势、危机和政策这三个过程的背后，特权阶级的权利和财富，垄断以及剥削是关键问题。在社会冲突这个框架里应该解读第一次世界大战后的 10 年里的金融抑制和新自由主义下的金融霸权。

凯恩斯主义视角的局限性有很重要的现实后果。从长期来看，（凯恩斯政策——译者加）对宏观经济的控制并不充分。经济和政策环境的作用会持续使凯恩斯政策框架变得不稳定。例如，宏观经济政策不能补救危机对盈利能力的影响。政策在重建繁荣方面的失败为盛行的政治折中和结构改革创造了条件。但是，本书中的分析还强调这些选择对政策架构和基本的经济趋势的依赖，而这些选择本质上的不确定性和潜在的稍纵即逝的特点正是源于他们所依赖的政策架构和基本的经济趋势。

凯恩斯主义视角的这些局限性强调了对资本主义的动态发展有更广阔理解的必要性，我们是从对马克思关于资本主义的分析的说明中得到资本主义有动态发展的特性的。我们的说明包括经济和政治两个方面。这将是第二十三章的主题。它的目的仍旧是分析性的；在这里对人类社会演化过程下定义超出了我们的范围。

第 二十二 章
一个凯恩斯理论的解读

本书所描绘的资本主义蓝图构成了一个凯恩斯理论的解读，书的第三部分主要涉及金融规律。至少在凯恩斯留存的预言中，他对资本主义的批判是不全面的。凯恩斯忽略了很多东西（外围国家、不公平、环境和长期等），但是他抓住了一个关键点。总的来说，就是只要私人金融不控制宏观经济的运行，资本主义就可以很好地运转，也就是说，我们应把经济活动的一般水平和就业加到金融稳定上去。那些是公开的、集中的、公众普遍关心的责任。这种解释有很多涵义，值得深入研究。这一章的目的不是分析凯恩斯主义分析的具体理论工具，而是以凯恩斯主义的具体理论工具为基础，分析一般视角下的资本主义特征。

凯恩斯的诊断是从观察19世纪20年代和大萧条时期英格兰的暗淡状况开始的。除了货币和预算政策，凯恩斯想出了一项雄心勃勃的计划，目的是引领英格兰向拥有先进的社会经济方向发展，这意味着从本质上使英格兰与世界其他国家与众不同。①

尽管存在严重的世界萧条，但挑战原有的教义很难。对于那些准备好将自己从货币正统教义中解救出来的人来说，当时有很多分析是有用的，对资本主义或多或少激进的批评导致资本主义潜在的雄心勃勃的改革。但是第二次世界大战后，凯恩斯主义宏观经济学出现了，关键是，它甚至是在没有消除它的劲敌新古典主义理论的情况下，成为了正统的理论的替代者。21世纪初期，学院式的凯恩斯主义理论失去了正统地位，但其仍旧活着。

---

① J. Crotty：《凯恩斯和资金逃避》，《经济学文章》1983年第21期。J. M. 凯恩斯：《国内自给自足》出自《约翰·梅纳德·凯恩斯文集》（1933，伦敦：麦克米伦，皇家经济学会出版社1972年版），第21辑，第233—246页。

为什么凯恩斯理论会出现？为什么它在反对新自由主义的入侵下仍旧存活着？从理论层面上来讲，首先，是因为在政府调控下的集中干预有显而易见的必要性。但是，这个政策的活力在很大程度上来源于它的政策内容。与主流理论所传达的信息相反，凯恩斯说，个人利益的加总不等于普遍的利益。① 特别是，私人的金融利益导致宏观经济的不稳定和全球需求不足。凯恩斯理论强调政府在目标明确的情况下需要有强大的集中的经济力量。

其次，每个经济理论都深深植根于社会关系之中，社会关系反映其内部危如累卵的权力问题，但是凯恩斯理论的独特之处在于它是一种折衷的表现，这种折衷不仅存在于统治阶级的不同群体之间，而且在众人运动的关系背景下，还存在于这些群体和被统治阶级之间。它通过减少一些令人震惊的表达方式来调整资本主义规则。

最后，经济理论与社会结构的关系如此紧密以至它最终使凯恩斯政策的确切定义变得晦涩难理解。凯恩斯政策所处的部分社会环境使超越了凯恩斯宏观经济政策局限性的社会保障体系的发展成为可能。在很大程度上得益于技术的发展，而技术的发展使收入更加协调发展成为可能（尽管工资在上升，但是利润率也在上升）。凯恩斯理论最终演变为妥协理论，并于 20 世纪中期确立起来。②

这种扩展的凯恩斯理论不应忽略凯恩斯理论的核心部分：明确地把资本主义放在一个合适的位置和从根本上评估该体系的作用。这个理论的内容现在仍引起了人们的兴趣。它可以总结如下。③ 资本主义经济机制在不同部门之间的资源配置、产量的决定和价格的确定方面是有效率的。尽管技术变化问题从来不是凯恩斯经济学的主要关注点，但是我们可以这样解读，凯恩斯不否认资本主义刺激技术进步的能力。但是，从它运行到目前为止的情况看，这个体系有一些缺陷：没有什么能保证生产能力和劳动力能被充分地使用。用近似于凯恩斯的话来说，什么也不

---

① "这个世界并不像上面所说的那样被控制以至于私人利益和社会利益一致。这个世界也不像下面所说的那样被管理以至于在事实上使私人利益和社会利益一致。从经济学原则中演绎的所谓个人利益促成社会利益的说法是不正确的。"凯恩斯说，"是自由放任终结的时候了。"（1926）《劝说集》，《凯恩斯作品集》第 9 辑，第 287—288 页。

② 在很多方面，20 世纪初所做出的广泛的妥协被延伸了（栏目 16.1）。

③ 凯恩斯：《繁荣的方法》，转引自《凯恩斯文集》第 11 辑，第 335—366 页；J. M. 凯恩斯：《就业、利息和货币通论》，伦敦：麦克米伦出版社 1936 年版。

能保证使全球需求达到一个合适的水平。首先，尽管可能出现需求过剩，但问题还是需求不足。这就使政府干预进入凯恩斯论证中有如此大的必要性。货币和信用的创造不能忽视私人部门的独创行为，或者至少这些行为应该受到监督。如果信用再也不能承担贷方的功能，政府应该介入，这是政府最后贷款人的功能。如果金融机构的信贷找不到借款者，政府应该毫不犹豫地借用自己的支付能力，即通过增加财政赤字来支撑全球需求。这样我们可以提出一个与前面所谈及的药方相对应的药方：政府通过中央银行成为最后贷款人，通过预算成为最后借款人。这样，政府既融资又消费。

其次，凯恩斯抨击的不是金融，而是保守的政策和剪息票者。他区分了金融家和剪息票者，在他看来金融家是一个积极参与者，能够抓住投资机会，而剪息票者被他描述为是没有特定职业的寄生阶级、靠利息支付和红利为生的投资人。他提倡让剪息票者进行安乐死。此外，他指责金融市场，首先是股票市场带来了巨大的不稳定性。①

最后，最初的凯恩斯妥协与19世纪30年代的经济不景气有很大关系，这种妥协在很大程度上局限于统治阶级。凯恩斯和与危机抗争的美国总统富兰克林·德拉诺·罗斯福（Franklin Delano Roosevelt）的关系很好地诠释了凯恩斯的观点。从凯恩斯观点来看，罗斯福新政被所要实施的改革所困扰，尽管他不反对改革，但是他认为改革不是解决危机值得优先考虑的事情。凯恩斯认为，这个体系以减轻竞争带来的痛苦为目标是不必要的。他并不反对提高工人的购买力，毫无疑问，这符合他的社会哲学，但是他所支持的政策就不同了——货币政策和预算政策相结合，其目标在于使投资水平达到必要的水平以满足充分就业。这些政策符合危机的情况，但是凯恩斯认为这些政策在其他情况下也有普遍重要性。政府被认为在任何情况下都要控制经济过程，它通过调节全球需求，而不是通过私人企业或投资者在它们的自我选择中替代自身。

在美国，直到1937年人们才吸取这个教训。1937年，从大萧条中走出的经济正在复苏之中，但因为新一轮的经济波动和第二次世界大战

---

① 凯恩斯建议对市场交易征税，尽管他没有专门考虑国际贸易，但他也预期到了托宾税（凯恩斯，通论）。金融市场的不稳定性发展成与金融制度有关的结构的不稳定性。参见H.明斯基：《稳定一个动荡的经济》，纽黑文市，康涅狄格州：耶鲁大学出版社1986年版。

而中断，战时经济使政府以超越凯恩斯所设想的程度参与到管理经济问题中来。在战争后期，商业和金融反对可能的广泛的国家干预。凯恩斯宏观经济调控政策随后变成了一个妥协的产物，并且在市场的倡导者和那些（那时被叫作"计划者"）希望追随并发展罗斯福新政和战争经济的人中留下很多挫败之处。

凯恩斯理论框架延伸到了建立国际公共机构方面。大萧条期间混乱的货币秩序和国际商业的轰然崩溃使凯恩斯大为震惊，他认识到需要大的国际金融机构。这些机构能够审视世界货币机制进而控制国家中央银行。这个基本观点与之在国家方面的观点一样。资本主义不可能通过市场的相互作用以自主的方式来调节自身，至少在目前这种存在大量需求的情况下不能实现；同样地，如果需求不能得到调节，它会在国家经济中疲软，国际商业会突然萎缩，就像 20 世纪 30 年代发生的萧条。应该有一个世界信用机构来监督国际货币机制。每个国家调节其一般经济活动和其就业水平的能力应该在国际性机构中得到保留，这意味着限制资本的运动的可能性。这种调节不应该由私人金融部门实施。

与美国人谈判十分困难，特别是因为纽约大部分银行的反对，布雷顿森林体系采用的计划并没有像凯恩斯的最初计划走得那么远，尤其对资本流动的限制（栏目 18.3）。

凯恩斯的想法很好地契合了他所处时代面临的问题。我们关于 20 世纪末危机的分析——结构性危机和金融危机——更加显示了凯恩斯理论论断的正确性和重要性：对宏观经济形势和金融机构的控制权不能留在私人手中。也就是说，私人不能控制金融。

这本书的另一个重要议题是 20 世纪末的结构性危机与大萧条产生的原因不同。始于 20 世纪 70 年代的危机与 20 世纪 30 年代的危机的崩溃也不一样。但凯恩斯关于集中的必要性，国家或国际干预的想法到今天仍然有用，更何况 20 世纪 70 年代危机的末期与大萧条前期的状况很相似，因此结构性危机应被视为经历着很大的危险（第十九章）。

凯恩斯理论关于资本主义历史的观点以及对目前存在的问题的看法，是非常合情合理的。只是遗憾的是，近几十年来的政治条件未能阻止新自由主义的抨击，而是在其他社会联盟的背景下实行替代政策（这是一种与管理危机不同的方法）。然而，凯恩斯和几十年的宏观经济政策的教训并没有被遗忘或者被完全抛弃。金融没有完全破坏宏观经济政策的框架。货币政策是对抗通胀和保证价格稳定的最好的工具。金融已经接管并控制货币政策。金融已经将中央银行从政府中分离出来，以便中央银行能从以前妥协的社会政治约束中解脱出来，中央银行已经知道如何实现自己的目标。它们在相关机构章程中登记注册。欧洲央行职能的定义是一个例子：首要的是保证价格稳定，也就是说，在同一时间，通过货币和金融市场的相互作用既加强央行职能，又使央行职能复杂化。

虽然金融统治已经偏离原来的目标并为私人利益服务，但是它们还是吸取了一些凯恩斯理论的经验教训。20世纪80年代的利率上升就是一个证据。当然，货币政策可以有效治理通胀，这一点凯恩斯也不否认。但凯恩斯希望通过利率的下降缓慢消除而非加强债权人的特权。当我们看到所谓的与凯恩斯理论相反的供给理论和政策时，凯恩斯的观点与20世纪80年代盛行的看法南辕北辙。高利率被认为有利于储蓄，因此，在供给经济学的逻辑里，投资能帮助减少落伍者——那些在里根时期受到限制的人——一种反凯恩斯的信条。

当代金融看到了金融机构不稳定性固有的风险，正如它们一直的那样。对风险的关注是19世纪货币体系的核心，从危机到危机，风险仍是私人金融部门和国际机构比如国际货币基金组织、世界银行或国际结算银行所关注的一个问题。但目前并不清楚在这一领域已经取得了多大的进展。人们对风险有所认识，但一系列货币和金融危机证明危机仍在发生。

20世纪80年代和90年代的国际货币和金融危机——那些对外围国家的债务，对墨西哥、日本、韩国、拉丁美洲，还有那些对主要发达国家的关注（第十一章）——再一次加强了当代凯恩斯主义理论的可信性。虽然从布雷顿森林体系继承而来的国际货币机构已转而服务于新自由主义秩序，但它们仍然保护政治的凯恩斯理论。这种凯恩斯主义目前对新自由主义很不满意，它旨在重申这些机构的优势，重新定位凯恩斯理论的政策目标（栏目22.1）。一些联合国机构也同样如此。不管凯恩斯主义者的刺耳的批评，他们所说的直接回应了布雷顿森林体系的草案和凯恩斯理论的总体精神：货币和金融市场是潜在的危险，强大的全球机构应保证世界经济的正常运行。这个计划用理想主义的但有远见的方式定义了后新自由主义的主要路线（栏目22.2）。

栏目22.1　一个凯恩斯主义者的言论：约瑟夫·斯蒂格利茨

　　哥伦比亚大学的约瑟夫·斯蒂格利茨（Joseph Stiglitz）是一位新凯恩斯主义的领导者。他在第一届克林顿政府部分时期担任经济顾问委员会主席，重要的经济学家，1997年到2000年任世界银行副行长。2001年获得诺贝尔奖。

　　斯蒂格利茨在2000年4月发表的一篇有力的文章中[a]，对比了两个思想流派——新古典学派和凯恩斯学派，他认同后者。这两个流派负责或者被用来证明，两个根本不同类型的政策是否参与20世纪90年代货币和金融危机的管理，或者陷入前社会主义国家向资本主义的转变。但是在斯蒂格利茨看来，这些不同的理论都有支持者——人们可以很容易地看到，前一个理论背后有国际货币基金组织的行动以及美国财政部的手，"美国的金融利益"和"先进的工业世界"的利益；而不是那些以美国人为中心的富裕阶层的利益，不同的理论性发现"受影响的国家的人口"。他谴责国际货币基金组织的不民主程序，并对那些不愿走上街头的人表示理解。

　　斯蒂格利茨给出的东亚危机的分析，有时类似最左的批评。对于资本的自由化及其流动，他指出："在20世纪90年代早期，东亚国家就放开其金融和资本市场——不是因为它们需要吸引更多的资金（储蓄率已经为30%或者更多），而是因为国际压力，包括来自美国财政部的压力。"

　　危机过后强加的政策："最重要的是，美国和国际货币基金组织——能否采取鼓励政策？因为我们或者他们相信这些政策能帮助东亚，或者因为我们相信他们会在美国和先进的工业化世界中获得金融利益。如果我们相信我们的政策能够帮助东亚，证据在哪里呢？作为这些辩论中的一个参与者，我看到了证据。结论是没有。"

　　a. 引文来自2000年4月17日发表的一篇文章（约瑟夫·斯蒂格利茨的"What I Learned at the World Economic Crisis"，新共和国在线，17 - D4 - 2000，http: //thenewrepublic. coml041700/stiglitz041700. html）。参见约瑟夫·斯蒂格利茨：《Globalization and Its Discontents》（纽约：W. W. North & Co, 2002）。

> 栏目 22.2　　开展世界事务：联合国发展计划报告
>
> 　　联合国发展计划 1999 年报告有一章题为"为人道和公正服务的一个新的世界统治"，该章提出了一个引人注目的建议："当创建联合国和布雷顿森林体系时，让我们回顾起 20 世纪 40 年代非凡的远见和人文关怀，在那时充分就业是一个重要的目标。"[a]
>
> 　　这个声明在凯恩斯关于布雷顿森林谈判的草案和这些机构在战争结束后发挥作用的方式得到肯定后受到关注，现在最紧要的是"建立 21 世纪的世界体系结构"来代替为美国霸权服务的联合国的控制（独有的权力，被戏称为"G-1"）。我们的想法是世界机构民主化，并使它们为发展和公正工作。
>
> 　　[a]. 联合国发展计划：《1999 年人类发展报告》，（纽约牛津大学出版社 1999 年版），第 111 页。

　　凯恩斯因其改良主义就应遭到那些仍然梦想革命的未来的人的谴责吗？从凯恩斯主义维持当前利率的观点来看，毫无疑问，凯恩斯主义存在闪光部分。统治阶级的一小部分人感到凯恩斯的精心之作剥夺和限制了他们的特权。尽管所发生的一切绝非不重要，但所有能从资本主义保留的东西都被留了下来。假定资本主义在金融的领导下陷入矛盾之中，假定流行的斗争高涨，虽然所要求的让步相当大，但任何事情都比想象的有更多的限制。凯恩斯的工作的确是一个改革者的工作。他杰出的开放的但仍受社会限制的观念是通向一条更激进的道路的唯一选择——这个观念是真正的社会主义和社会民主主义的替代品——几十年来我们知道到处都走错了。

第 二十三 章
资本的动态学

变革资本主义是困难的,这种困难不能简单地归咎于经济机制和政策调整的复杂性,特别是调控宏观经济。没有完美且永久不变的政策框架。从马克思的分析中我们可以得到的主要教训之一就是：资本主义并不是一个能够逐渐演化至完美的体系。资本主义的每一个成就、每一次进步都是取代了现有的生产关系和创造了新的挑战。历史的本质是一种无限的变化的缓慢过程。

有特权的少数人的收入和权力正在受到威胁。一方面,历史是一部长久的斗争史,其斗争是为了保证少数人能够拥有主导地位；另一方面,大多数人的长久斗争也是为了得到一个新的、较好的社会秩序。所以,阶级斗争是历史的引擎。

前面章节所分析的资本主义几百年的历史为相关部分分析提供了素材。20世纪是我们所理解的"权力配置"的继续。权力配置的存在表明,因为阶级斗争自身的权力,阶级的主导地位永远都不是绝对的或简单的。它必须做出不同程度的妥协。相对稳定或是不确定的社会结构会被反复建立和摧毁。

这一章必须作为一个整体去理解。本章在一个广泛的水平上重申和概括本书分析的几个组成部分。关于权力配置的东西被加了进来,它们与总结的主要目的有关：不仅要关注凌驾和超越基本经济机制之上的社会关系所扮演的重要角色,而且要关注权力配置和社会关系这两个因素的互补性的特征。

一 猛烈的经济

凯恩斯的文明资本主义的梦想在20世纪60年代在某些国家似乎变

成了现实。经济学家们忙于庆祝危机、失业和贫穷的结束。但是，当经济进入了20世纪70年代危机的时候，这种欢喜落空了。乐观主义变得不可行了，但是相反的观点，即预言资本主义将终结似乎是错误的。资本主义在更深刻的和更长期的危机中没有破产——相反，它陷入结构性危机，实现自我转型和自我恢复。以某种方式——这种方式遭到批评——它从危机中产生并在其他问题出现之前解决其自身问题。必要的变化不依赖个人行为，而是依赖集体行动，集体行动的政治风险很大。这种作用的类型深深地根植于生产方式的本质之中。

本书给出了紧张时期的几个例子。处于危急关头的有：技术变化的速率和形式，它们对利润率和工资增长的冲击（第二部分），为分享剥削成果，通过金融制度和机制而展开的斗争以及经济体系稳定性的含义（第三部分）。为了让资本主义很好地发挥作用，需要在五个方面和谐、有规律的发展。这五个方面是：技术进步（关于资本和劳动力）、工资、产出增加、劳动力增加以及为了控制经济波动调整制度框架。实际上，这些发展在很大程度上是相对独立的，它们会涉及不同的利益。尽管失衡已经存在一段时间了，但它们往往会突然暴露自己。只有严酷的危机促成调整所需的客观和主观的必要条件，失衡问题才能得以解决。既然事实已暴露就不作任何保留。模式总是一样的：

恐慌——→危机——→变革——→危机结束——→……

在最一般水平上，这些事后的反应无法避免危机，但是它们源于危机，它们解释了结构危机和失业，也解释了资本主义变革的能力。利润率下降的阶段导致累积的紧张状态。

矛盾的是，尽管评价盈利能力和使之最大化是私人管理的核心，但利润率却是主流经济学派最少测量的变量之一。人们认识到利润率的下降，资本主义体系不得不进行变革以扭转不利趋势。由于利润率下降，公司不得不通过刺激利润率和改变技术变革的方式来保持经济平衡。那些改善产业、研究和培训方面所需的政策制度要么根本不存在，要么只有很少的权力。从最根本的角度看，谋求进步所需条件并不纯粹是技术的或制度的，它与财产形式和资本主义本质有关。

通过统一调节使劳动力大军发挥作用的方式表明其与事实背后隐藏的动力有关。一段时期以来，资本积累受到可使用的劳动人数的制约。在这些情况下，劳工斗争会得到一个很好的增加购买力的机会。有时，危机再次增加已有的产业大军,从而增强工资纪律条件。有时鼓励移民或者女性工作。在其他情况下,过多的移民又导致女性回家做家庭主妇。这就是资本主义如何调节其前进路线和处理问题的。

二 暴力政策:阶级斗争中的金融

资本主义演变的历史长河并非危机和大范围的社会不安的产物。本书反复强调了社会代理人的行为,它就是所谓的"金融"。至少从20世纪初开始,金融在永久的资本主义的生产关系中扮演中心角色。新自由主义的兴起被注入到金融行为之中。

(一) 金融

谈及"金融",我们并不是指一个具体的产业,诸如生产和贸易经济金融部门,而是指主要的金融制度和统治阶级的上层和活跃的部分。这些部分是指主要的所有者(贷款人和股份持有者),他们不插手直接管理,但在机构内很活跃,这些机构体现所有权关系(董事会、银行、基金等)。自20世纪初期,金融已证明自己是资本主义的变革的动力源和阶级斗争中的中坚力量。

在分析普遍斗争的时候,在金融定义下,社会集团和机构的共存并不比提及工人的聚会和工会更令人不安。这点很重要,就像提及代表社会集团行事的统治阶级上层和活跃的部分一样。

自从资本主义关系被分成所有者和管理层以来,管理层开始威胁所有者实施权力,对统治阶级来说,如果要使自己存在下去,权力集中在机构中很重要。在机构中,尽管公司所有者和他们所拥有的东西之间无关,但巨额基金的凝聚作用、购买专业知识的能力和来自这些机构内部组织的潜力都会增加生产手段所有者的权力。因此,财产制度在发达资本主义的实践和斗争中起到了核心动力的作用。当然,所有这些并不能让统治阶级远离他们的雇员联盟和组织(或者更准确地说,他们所掌控的政府党派,它们的作用是在群众中产生一个选举的诉求)。

但是,资本主义所有者的代理人是个人和家庭。最有钱和最有权的人扮演着核心角色。在核心周围领导者出现了。这个领导者的所有权(与管理,特别与在非金融部门中的管理无关)在债券、股票份额和贷款中表现出来，这样就具有了金融的特点。这些代理人很关注金融和非金融部门的联合，人们很难对这些联合做出解释。

人们可以尝试着识别资本家，他拥有金融公司或者在某种程度上说是个具有双重身份的金融家：作为机构的所有者，他的作用之一在于集中资本所有权。美国社会学家已在战后美国社会中的资本家（股票持有人和不同公司董事会的成员）中识别出这一部分人。这些人的财产和权力影响金融和非金融公司。[①] 资本家中的这些人属于最重要的具有权势的家庭，这些家庭位于金字塔塔尖。与此同时，研究表明，从某种意义上说，大多数资本家未涉足金融。对于这些资本家，金融活动和产业、贸易、服务的二分法依然存在。这种分析在部门（金融的和非金融的）、职能（所有人和债权人）、个人及家庭之间建立了联系。

在该框架下，我们现在能够再次审视美国资本主义在一个多世纪里经历的三个主要阶段。

（二）金融霸权的第一阶段

19 世纪末期，大资本家、小农场主和产业资本家等已经成为资本家阶级了。在世纪之交，生产关系的变革开始以一种非常特别的方式形成社会物质内容。这种方式刺激了金融和工业资本家的兴起（后者在很大程度上仍然是所有者，但其正失去他们的自主权），管理人员和一般员工在增加。最后，受到大公司的高管支持的现代金融明确了它的权力。这就是金融霸权的第一阶段。

社会结构的形成是激烈的阶级斗争的产物（栏目16.1）。与社会结构密切相关的金融和大公司往往和传统部门相冲突———一方是其老板，另一方是工人运动。统治阶级的每个组成部分都试图利用普遍的斗争来取得自己的优势，同时又要解决工人的普遍斗争。至于管理人员和一般员工，他们在公司里从事组织工作。他们不能自己确定自己的政治角色，但是他们在妥协的形成方面起了关键作用，这种妥协顺应了历史发展的需要。这种妥协使传统部门得到某种程度的保护，也使无产阶级的某些优势得

[①] M. Soref and M. Zeitlin：《金融资本和美国资产阶级内部结构》，转引自 M. Mizruchi 和 M. Schwartz：《公司内部结构：商业结构分析》，剑桥：剑桥大学出版社 1987 年版，第 56—84 页。据我们所知，这项研究至今没有被完全公布于众。

到了保证，从而开启了通向具有现代资本主义特征的新的大公司道路。

尽管货币机构猛增，公司在管理上取得了进步，但是金融还是以传统的方式控制着政策。旨在改善与新经济状况和变革一致的政策框架的失败表明金融霸权的第一个阶段存在一个重要的弱点，这个弱点在大萧条中暴露无遗。

（三）凯恩斯理论的妥协

1929 年的危机给金融权力施加了某些限制，如限制了金融发挥作用的空间。新政和第二次世界大战之后，公司和政府机构管理人员取得巨大进步。随之而来的是凯恩斯理论的妥协，该妥协也被称作新政联盟，它标志着新时代的到来。这些经历使中央社会组织有效率的程序得以应用，该程序由公共部门的管理人员负责，但是新政中许多有意义的改革措施都泡汤了。

对统治阶级来说，面对苏联的威胁，像第一次世界大战在不同情况下扮演一个了不起的工具一样，第二次世界大战延至 20 世纪 50 年代就是为了扑灭革命的火种。有利的技术进步使统治阶级改革取向的策略主张变得容易，使购买力的增加成为可能，这得到了新生的中产阶级的支持，促进了妥协的社会基础的扩大。这样，20 世纪 30 年代大萧条的严重后果和社会主义国家的建立没有导致革命浪潮的到来。

我们已经写了很多关于凯恩斯主义战后妥协的东西。澄清凯恩斯主义与阶级、斗争之间的关系只是为了强调其深层次的重要性。

（四）金融霸权的第二阶段和新自由主义

在所有权和管理权相分离的世界中看到资本家与资本家所有权制度，也就是金融霸权得以恢复。在这段时期，工人运动是脆弱的。他们的运动被玛格丽特·撒切尔（Margaret Thatchar）（英国保守党派人士）和罗纳德·里根（Ronald Reagon）（美国时任总统）镇压下去。金融已着手通过耐心和努力来恢复其在国际层面上的实力（栏目 18.4）。金融在国际货币体系危机（美元危机）和 20 世纪 70 年代的结构性危机中居优势地位，以便再次显示其霸权地位。在美国的统治下金融霸权再次得以恢复；金融霸权和美国的权力相结合从而形成一股异常的力量。公共部门和私人部门的管理人员和工薪阶级之间形成妥协联盟，面对美国霸权,这种联盟不能持久存在,但是跨国公司的高层管理人员结成伙伴关系并加入富人行列。在一些国家,最先进的可供选择的事物发展壮大并惠及最大多数的人,而这些国家在外界和国内统治阶级或者部分统治阶级的联合压力下屈服于新潮流。新自由主义是部分统治阶级辉煌复兴的产物。政策实施了,但与就业、危机以及结束危机相关的政策的结果以简单而直接的方式或隐含于微妙的社会结构中的方式表述了这些阶级的利益,但这些利益总是与阶级结构相联系。

(五)新自由主义政策

与我们谈及凯恩斯妥协所采用的方式一样,新自由主义也基于这种妥协。20世纪70年代,新自由主义最初解决美元危机和国际货币体系改革时,在没有和管理层(最初在跨国公司内)结成联盟时其秩序无法实施。放松资本使世界行动计划变得容易并且为公司金融化打开了大门。① 它依然要使合作的领导者从流向统治阶级的收入中获益,这一切源于大量的收入。并不是所有的管理人员都能加入这个联盟;相反,由于大多数管理人员有很大的压力,从而也会产生紧张情绪。

公司所有者和高层领导联盟使某些分析家从新自由主义角度看,多国合作的战略更像是一个独立存在物。这是一个无可争辩的事实,但是这种分析应当更深入,应当认清这些机构背后的阶级。在这些公司中,所有者和高层管理者的利益是密不可分的。所有权和管理的彼此融合是这种高水平妥协的最重要的部分。

尽管金融权力可采用完全不同的方式,但它也能创造出很多合作机会,其合作者是领取养老金者或未来的领取养老金者和小额投资者,这些人都受益于某些金融收益或者股价的上涨(当股票上涨时)。这是与中产阶级妥协——"人人都是资本家"计划。这种妥协并不否认新自由主义阶级的真实性。其自身要求阶级统治并在现代民主氛围内在国家层面上行使统治。② 股市的衰退,就像2000年开始的那样,显然使这种妥

---

① 参见 E. Helleiner:《国家和全球金融重现:从布雷顿森林体系到20世纪90年代》,Hthaca, N. Y.:康奈尔大学出版社1994年版,第115页。
② 这里我们找到了马克思主义者分析国家的本质的一个方面,该分析认识到民主的两个方面:统治阶级的内部民主——他们内部矛盾的相对自由的表达;另一种所谓的"民主的"形式,即权力是如何运用于其他阶级之上的,这是经济和政治妥协的一种表达。民主的这两个方面的使用保持着某种联系(制度上的和法律上的)。专政是对这两点的否定,它能用特定方式改变这两点。

协陷入困境。

把新自由主义看作强化金融权力的观点并不意味着这种社会秩序是部分大银行和资本家家族共谋的结果，或者来自公开的政治冲突，这种政治冲突发生在金融资本和非金融资本之间或者在大小资本家之间。决定阶级划分的问题与如何指导这个过程及如何展开此过程有关，但不完全一样。我们所提及的阶级，它们的权力和收入在新自由主义下得到了加强。第一个问题涉及结果（新自由主义秩序是什么）；第二个问题涉及机制（我们如何办得到）。

新自由主义已经发展成为全过程的产品。该过程在一个巨大的历史构架中包括从潜在的客观条件（危机和技术变化以及盈利能力的趋势）到某些集团、个人和机构的具体立场（诸如支持某些党派或政策的决定）。例如，20 世纪 70 年代在美国，由恢复美国危在旦夕的霸权的欲望所推动的不同经济利益集团之间的联合与结构性危机的影响及其治理联系在一起。① 公司所有者的利益与跨国公司战略以及他们的高层领导密切相关。

对我们来说，低估意识层面是错误的，这种意识是某些社会集团、商业环境和知识分子集中的地方所拥有的（第十八章）。尤其在英国和美国，使金融获得新的权力的转机的政治本质是显而易见的。这种转机是以一种广泛的和比想象更谨慎的方式组织和被资助的。② 尽管在某种特别的经济利益和美国民主党或共和党投票之间确立直接联系很难，但里根（新自由主义的代表人物）的竞选计划调动了人口中拥有最高收入的这部分人，这些人掌握了金融财富。③

这种以美国为中心的愿景应以新自由主义在全球层面上维护自我权

---

① 从某种程度上说，托马斯·弗格森的分析描绘了一个非常广阔的新自由主义转变的基本画面，它包含必要的历史观点和文献记录。参见弗格森：《黄金定律：投资政党竞争理论和货币驱动的政治系统逻辑》，芝加哥：芝加哥大学出版社 1995 年版。

② 参见 M. 尤西姆：《内部循环：大公司以及美国和英国的商业政治活动的兴起》，牛津大学出版社 1984 年版，特别是第 5 章。

③ T. B. Edsal：《权力不断变化的形态：公共政策的重组》，转引自 S. Fraser 和 G. Gerstlc：《新政秩序的起起伏伏，1930—1980》，普林斯顿：普林斯顿大学出版社 1989 年版，第 269—293 页。如果通过选民态度的变化去洞察观点的自发改变未免天真了。它们大多是依赖商业背景投资于竞选活动的产物。参见 T. Ferguson 和 Rogers：《向右转：民主党和美国政治的下滑》，纽约 Hill and Wong 出版社 1986 年版，以及弗格森：《黄金法则》。

威的方式的路线图而结束。这个过程还在进行之中，它给新自由主义的全球化下了定义，新自由主义全球化是现阶段的一个主要特点。从坚持新自由主义的早期开始，欧洲就扮演着中心角色。欧洲经济的渗透和其插足跨国公司和世界金融系统是主要因素。每个欧洲国家一直保持着并且还会继续保持着其历史轨迹和它的特色——英国想永葆其金融中心的地位；德国想保持其货币正统；法国从国家斡旋和随之而来的正统运动中退却下来（主要被密特朗的经验所打断），等等。20世纪80年代后半期，日本对世界资本的开放标志着另一个决定性的舞台的出现。社会力量发挥了什么作用？国内和国际维度是什么？世界金融之手能否被我们看到？这些国家的特色能够在多大程度上生存？

三 超越新自由主义

新自由主义可以看成资本主义的舞台，它试图复兴资本主义的某些基本特征，但是，人们无法阻止历史的进程。新自由主义不是人类社会发展的最后一个阶段。统治阶级现有的活力源于其收入的快速增长和其创造的历史功绩。这个功绩在于使社会化进程沿着调控的道路前行（凯恩斯妥协所主张的国家调控），此时的国家在很大程度上处于落后状态，但对私有的社会化进程是有利的。统治阶级既没有被剥夺也没有被削弱，他们希望在很长一段时间内保持他们的特权利益，这种行为至少是他们在未来市场中的选择。

能够绕开新自由主义的方法还没有找到——如果资本主义在面对主要的金融危机能抑制金融的过度发展，或它的变化无常，这个方法是渐进式改革的一个方面吗？不用说，这个方法将会有结果。如果金融沿着此自由主义道路走下去，它必须不惜一切代价避免自己走上未知的道路，因为历史会被重演：结构危机，剧变，危机结束，危机结束后的危机，剧变。

附录 A

Other Studies by the Authors

Virtually no reference has been made in this book to the other studies of its authors. In this appendix information relative to various subjects can be found. Studies that have not been published may be consulted on our website: http://www.cepremap.ens.fr/Lévy/

The following book is referred to below as La dynamique du capital:

G. Duménil and D. Uvy, La dynamique du capital: Un siecle d'economie ameri-caine (Paris: Presses Universitaires de France, 1996).

Macroeconomics

Economic Cycles (Overheating and Recessions) La dynamique du capital, part III.

G. Duménil and D. Lévy, "Being Keynesian in the Short Term and Classical in the Long Term: The Traverse to Classical Long-Term Equilibrium," The Manchester School 67, no. 6 (1999): 684–716.

Unemployment

G. Duménil and D. Lévy, "Structural Unemployment in the Crisis of the Late Twentieth Century: A Comparison between the European and U. S. Experiences," in Global Money: Capital Restructuring and the Changing Patterns of Labor, ed. R. Bellofiore (Aldershot: Edward Elgar, 1999).

Consequences of a Decline in Profitability

La dynamique du capital, chaps. 13 and 16.

G. Duménil and D. Lévy, "Why Does Profitability Matter? Profitability and Stabil-ity in the U. S. Economy since the 1950s" Review of Radical Political Economy 25, no. 1 (1993): 27 – 61.

Structural Crises

La dynamique du capital, chaps. 20 and 23.

G. Duménil and D. Lévy, "The Great Depression: A Paradoxical Event?" CEPREMAP, Paris, no. 9510 (1995).

G. Duménil and D. Lévy, "La crise de 1929 et la depression des annees trente aux ÉtatsVUnis: Des événements paradoxaux ?" Économie et Sociétés (A. F. series) 22, nos. 4 – 5 (1996): 193 – 218.

Policies, Keynesian Policies, and Neoliberalism

G. Duménil and D. Lévy, "Dynamique du capitalisme et politiques de classe: Unsiecle de capitalisme americain," communication at the symposium "Karl Marx et la dynamique actuelle du capitalisme," Universite du Littoral, Dunkerque, October 18 – 19, 1996, CEPREMAP, MODEM, Paris.

G. Duménil, M. Glick, and D. Lévy, "The History of Competition Policy as Economic History," Antitrust Bulletin 42, no. 2 (1997): 373 – 416.

G. Duménil and D. Lévy, "Keynesianisme americain et social-democratie suedoise: Quels compromis" Actuel Marx 23 (1998): 117 – 136.

G. Duménil and D. Lévy, "Pre-Keynesian Themes at Brookings," in The Impact of Keynes on Economics in the 20th Century, ed. L. Pasinetti and B. Schefold (Aldcrshot: Edward Elgar, 1999).

G. Duménil and D. Lévy, "cost et avantages du neoliberalisme: Une analyse de classe," in Le triangle infernal: Crise, mondialisation, financiarisation, ed. G. Duménil and D. Lévy (Paris: Presses Universitaires de France, 1999).

G. Duménil and D. Lévy, "Cost and Benefits of Neoliberalism: A Class Analysis," Review of International Political Economy 8, no. 4 (2001): 578–007.

G. Duménil and D. Lévy, "The Nature and Contradictions of Neoliberalism," in A world of Contradictions (Socialist Register 2002), ed. L. Panitch and C. Leys (New York: Monthly Review Press, 2002).

Trends of Technology and Distribution

Empirical Studies

G. Duménil and D. Lévy, Profit Rates: Gravitation and Trends (Paris: CEPREMAP, MODEM, 1999).

G. Duménil and D. Lévy, "The Profit Rate: Where and How Much Did It Fall? Did It Recover? (USA 1948–2000)", Review of Radical Political Economy 34 (2002): 437–461.

Theories of Technological Change, Models:

G. Duménil and D. Lévy, "A Stochastic Model of Technical Change: Application to the U. S. Economy (1869–1989)", Metroeconomica 46, no. 3 (1995): 213–245.

G. Duménil and D. Lévy "Technology and Distribution: Historical Trajectories a la Marx," Journal of Economic Behavior and Organization 52 (2003): 201–233.

Periodization and Transformation of Capitalism Periodization

G. Duménil and D. Lévy, "Periodizing Capitalism: Technology, Institutions, and Relations of Production," in Phases of Capitalist Development: Booms, Crises, and Globalization, ed. R. Albritton, M. Itoh, R. Westra, and A. Zuege (Palgrave, London: Basingstoke, 2001).

G. Duménil and D. Lévy, "Sortie de crise, menaces de crise et nouveau capitalisme," in Seminaire Marxiste, Une nouvelle phase du capitalisme? (Paris: Syllepse, 2001).

Transformations of Capitalism, the Managerial Revolution
La dynamique du capital, part V

G. Duménil and D. Lévy. Au-dela du capitalisme? (Paris: Presses Universitaires de France, 1998).

G. Duménil and D. Lévy, "Rapports de production et structure de classe du capitalisme: 150 ans apres," Cahiers Marxistes 210, (1998): 131 – 161.

Managerial and Clerical Personnel

G. Duménil, La position de classe des cadres et employes: La fonction capitaliste parcellaire (Grenoble: Presses Universitaires de Grenoble, 1975).

G. Duménil and D. Lévy, "The Emergence and Functions of Managerial and Clerical Personnel in Marx'sCapital," in Bureaucracy: Three Paradigms, ed. N. Garston (Boston: Kluwer Academic, 1994).

Interpretations of Marx

G. Duménil and D. Lévy, "The Dynamics of Historical Tendencies in the Third Volume of Marx's Capital: An Application to the U. S. Economy since the CivilWar", in Marxian Economics, A Reappraisal: Essays on Volume III of Capital, Profit, Prices, and Dynamics, ed. R. Bellofiore (London: Macmillan, 1998), vol. 2.

G. Duménil and D. Lévy, "Technology and Distribution: Historical Trajectories a la Marx", Journal of Economic Behavior and Organization 52 (2003): 201 – 233.

附录 B

Sources and Calculations

The data used in this book essentially come from the national accounting systems of the United States and France. These systems constitute integrated frameworks based on common principles, with a few exceptions. To that should be added various accounts drawn up by the Organization for Economic Cooperation and Development (OECD). These statistics provide global information, broken down by agents and operations over long periods. They do not, however, take into account the heterogeneous character of certain agents (for example, large and small companies, or rich and poor households), which significantly handicaps research. In these areas, use must be made of specific studies, where they exist. The problem is then that these studies are limited in time, and their nomenclature does not correspond to that of other frameworks used.

Main Sources by Country France

1. Institut National de la Statistique et des Etudes Economiques (INSEE). We use the 1980 classification.

    a. Accounts of institutional sectors

    b. Accounts of holdings

    c. Accounts of the variations of holdings

    d. National quarterly accounts

2. Ministere de l'Emploi et de la Solidarite (SESI): Social protection accounts

3. Pierre Villa: Capital stocks (http//: www.cepii.fr/ francgraph/bdd/ villa/mode.htm)

4. Banque de France: Balance of payments and foreign commerce for France (appendixes to the annual report)

United States

1. Bureau of Economic Analysis (BEA)

a. National Income and Product Accounts (NIPA) tables

b. Gross Product Originating (GPO) data

c. Fixed Assets Tables

2. Board of Governors of the Federal Reserve System: Flow of Funds Accounts of the United States

3. Federal Deposit Insurance Corporation (FDIC)

a. Bank Closings Report

b. Changes in Number of Insured Commercial Banks

c. Changes in Number of Insured Savings Institutions

4. Bureau of Labor Statistics (BLS)

a. Employment, Hours, and Earnings

b. Consumer Price Index

5. United States Long Term: G. Duménil and D. Lévy, The U.S. Economy since the Civil War: Sources and Construction of the Series, available on our website (http://www.cepremap.ens.fr/Lévy/index.htm), Cepremap, Modem, Paris, 1994

Europe and the United States

Germany has been limited to the former West Germany in order to avoid discontinuities linked to reunification.

1. OECD

a. International Sectoral Database (ISDB)

b. Flows and Stocks of Fixed Capital

c. Economic Outlook

d. Annual Labor Force Statistics

e. Jobs Perspectives

   2. Angus Maddison

   a. Monitoring the World Economy

   b. Standardized Estimates of Fixed Capital Stock

France and Japan

   1. Board of Governors of the Federal Reserve System: Foreign Exchange Rates

   2. OECD, Economic Outlook (for purchasing power parities)

Developing Countries
World Bank: World Development Indicators (WDI)

Korea
International Monetary Fund (IMF): International Financial Statistics

Calculation of Certain Variables

Corrections for the devaluation of debt by inflation and the revaluation of stock shares. The real interest rate is equal to the nominal rate less inflation: = i-j. By multiplying this ratio by the stock of net debt (debt minus financial assets), we verify that the real transfer is equal to the amount of interest paid out, iD, less the devaluation of this debt, jD: iRD = iD-jD. In this calculation, only financial assets estimated at their nominal historical value should be considered, and not those that have been valued at their market value (such as stock shares).

The calculations of profitability do not take into account the appreciations and depreciation linked to changes in stock prices. The distinction between real or potential gains or losses cannot be made in the available statistics.

Net Worth
The calculation of this variable for non-financial companies is a bit differ-

ent for the United States and France.

France. All stock held by the non-financial corporations sector is counted in the assets of this sector, including the stock issued by the companies within the sector. In order to avoid counting this stock twice when estimating the sector's net worth, the value of this stock should be subtracted. Unfortunately, it is not possible to distinguish between the two types of stock (those of companies from the sector and others). The alternative is therefore either to subtract the value of all stock or to include all of it. Since stock held is mainly from the sector, we have opted for the first solution-subtracting the value of all stock. We subtract all the dividends received from revenue. This gives us:

Net worth = (All assets-Stock held) − Liabilities (debt)

United States. In the American national accounting system, the flows of funds" database does not take into account shares issued by non-financial corporations and held by the same sector. Shares held as assets have therefore not been issued by that sector. In the liabilities column, next to actual debt are listed shares corresponding to direct investments by foreigners in the United States. The net worth of companies is considered independently of the nationality of the owners. This gives us:

Net worth = All assets − (Liabilities − Direct foreign investments in the United States)

France and the United States (finance). We register stock shares as part of assets (and dividends as part of revenues).

Definition of Sectors

1. "All firms" in the figures of Part II refers to all industries as considered by the International Sectoral Database of the OECD.

2. Non-financial companies in France are sector SlO of INSEE statistics

and, in the United States, Non-financial Corporate Business in the BEA's and the Fed's statistics.

3. The definition of the financial sector is more difficult. For France, we call the financial sector all the financial institutions (sector 540 of INSEE statistics), and the insurance companies (sector SSO). However, when calculating the profit rate, we consider only the financial institutions. For the United States, we eliminate all funds (pension funds and mutual funds) that are not corporations, as well as public institutions, such as the Federal Reserve. This restricted financial sector includes mainly the following agents: Commercial Banking, Savings institutions, Insurance Companies, and Brokers. [For more details, see G. Duménil and D. Lévy, "The Real and Financial Components of Profitability (USA 1948 – 2000)," Review of Radical Political Economy (forthcoming).]

Technical Points

1. Statistics have been smoothed out with the help of the Hodrick-Prescott filter.

2. By nominal, we mean: in current monetary units (in euros or in dollars). By real or in volume we mean the result of dividing the nominal variable by the price index of the gross domestic product. The statistics may be expressed either as a monetary unit for a particular year or as an index (with the value of the base year being set at 1 or 100). Average growth rates are calculated by the regression of the logarithm of the variable in relation to time.